弘兼流
70歳からの
ゆうゆう人生

「老春時代」を愉快に生きる

弘兼憲史
漫画家

786
中公新書ラクレ

はじめに……「老春時代」という考え方

「悠々自適」

ひと昔前なら、サラリーマン生活を終えた後、あとはノンビリと好きなことをして暮らすというようなライフプランがありました。しかし、ほんのひと握りの人たちを除いて、そんな生活はまさに「絵に描いた餅」という時代になってしまいました。

年金の受給開始は先に延ばされてしまいますし、受給額も減っていくことも覚悟しなければなりません。「人生１００年時代」である現代においては、定年後の30年を悠々自適に生きていくことなんて、ほとんどの人にとって、現実離れしたものになってきています。

「お金のことを考えると、定年後、なにもしないで愉《たの》しく生きていくのはむずかしいなあ」

「また仕事を見つけてセカンドキャリアでもうひと踏ん張りだなあ」

給料面でも、定年後の年金面でも恵まれている一流企業の社員、高級官僚はともかくとして、40代から50代の現役世代のほとんどはそう覚悟しているに違いありません。かりに定年が60歳だったとすれば、平均寿命まで生きたとして約20年、長生きすれば30年、あるいはそれ以上の時間をこの世で過ごさなければならないのですから、その覚悟も当然といえば当然です。

しかし、私はこう考えます。

「死ぬまで働くことは悲劇的なことではない」

「死ぬまで愉しくチャレンジ」

私自身、3年3カ月のサラリーマン生活を経て、フリーの漫画家になった身ですから、定年とは無縁ですし、まだまだやりたい仕事はたくさんあります。

『めざせ、命日が定年　終わり笑えばすべてよし』（幻冬舎）という自著があるように、依頼があるかぎり、死ぬまで仕事を続けるつもりです。3年3カ月のサラリーマン生活をファーストキャリアだとすれば、現在はある意味で死ぬまで続くセカンドキャリアを生きているといってもいいでしょう。私自身、スムーズにセカンドキャリアをスタートさせることができたことはじつに幸運なことでした。

しかしいまの時代、一般的にセカンドキャリアと一口にいっても、そう簡単ではありません。経済の停滞、ＡＩの台頭によって、ひと世代前の人たちのように「これまでのキャリア」だけでは通用しない時代なのです。それこそ「余人をもって代えがたい」と誰からも評価されるような頭脳、ネットワーク、スキル、あるいは特別のコネでも持っているなら別ですが、「昔取った杵柄《きねづか》」だけでは納得できるようなセカンドキャリアを築くことは不可能なのです。

そんな現実に追い打ちをかけたのが、世界中を恐怖に陥れた新型コロナウイルス感染症です。日本でも、緊急事態宣言の最中、全国民がいままで経験したことのない生活を強いられましたが、そうした時間の中で、ほとんどの人たちがこう感じたはずです。

「これまでの常識、ライフスタイルは通用しない」

とくに現役世代は仕事であれ、プライベートライフであれ、軌道修正の必要性を強く感じたはずです。

しかし、会社にも行けない、買い物もできない、遊びにも行けない、人にも会えないといった不自由を強いられた「非日常生活」の中で、新しい発見があり、新しい発想も生まれたのではないでしょうか。

「やれば結構できるじゃないか」

「不自由は不自由なりに工夫できる」

「いままで無駄な時間、無駄な労力を使ってきたのではないか」

もちろん、これまでの生活を維持することが困難になった人たちが数多くおられたことは事実ですし、このことについては可能なかぎり、社会全体のフォローがあってしかるべきでしょう。けれども、不幸を嘆くばかりでは、幸福は訪れません。

新型コロナウイルス感染症はおそらく、少なくとも今後2~3年は完全に終息することはないでしょう。また、新たなパンデミックが発生しないという保証はどこにもありません。

「災い転じて福となす」

このたとえ通り、私たちはこの経験の中から、新たな価値観、新たなライフスタイルを生み出さなければなりません。私自身も、多くの著作で展開してきた世界観、価値観、人生観について、そしてライフスタイル観について、軌道修正の必要性を強く感じています。


定年後の20年、30年は下り坂に身を任せて過ごすにはあまりに長い時間です。しかし、長い時間だからこそ、自分をリメイク、リフレッシュさせることは可能です。

本書では、「人生１００年時代」のフィナーレをハッピーに迎えるためのキーワードとして「老春時代」という言葉を考えました。「老春時代」は「第二の青春時代」といってもいいでしょう。

しかし、この「老春時代」はただ漫然と生きているだけでは訪れません。セカンドキャリアの中で、変化を恐れず、なにかにチャレンジし、それを愉しむ姿勢が求められます。そして、新しい自分に出会う。それがあなたの「老春時代」であり、本当の「悠々自適」への近道ではないでしょうか。

いままさにセカンドキャリアを生きている方、セカンドキャリアの助走期間にある40代、50代の方々にとって、70代現役の私が考える「老春時代の造り方」が一助になれば幸いです。

本書は『弘兼流　「老春時代」を愉快に生きる』（２０２０年８月海竜社刊）に第６章を増補し、加筆修正の上、改題したものです。

目次

はじめに……「老春時代」という考え方　3

第1章：心構え
人生後半「愉しく、快適」こそが最大のテーマ……17

01 好奇心がなければ、死んだも同然　18
02 「散り散りの時代」に欠かせないもの　22
03 「移動が制限される時代」のライフプラン　26
04 ひとり暮らしを自由に愉しむ　30
05 ヒロシさんが教える「ひとりは素敵だ」　34
06 「他人へのデリカシー」がある距離感　39
07 ＩＴは人生後半の「快適幅」を広げる　43
08 「わからないこと」から好奇心が湧く　47

09 もう一度「上り坂」に挑んでみる 51
10 「あんなオジサン」になりたくないなら 56
11 「重宝される生き方」は愉快だ 60

第2章：家族

「自分は自分、家族は家族」で生きてみる

……65
12 夫婦間の不快な距離感、ギクシャク感 66
13 「別住」で、ひとり時間をデザインする 70
14 対立、憎しみが生まれる前に 75
15 「暮らし方」の多様性が増す時代 79
16 「女性脳」の構造を男はわかっていない 83
17 夫婦間の新しい「愛情のカタチ」 87
18 「夫婦は戦友」というマインドで生きてみる 91

19 父が私にしてくれたこと 95
20 親が子どもに残すもの 99

第3章：仕事 「死ぬまで愉快に働く」ための10のポイント 103

21 「死ぬまで働く」は悲しいことじゃない 104
22 「どんな役職か」よりも「なにをするか」 109
23 「生業《なりわい》」へのプライドと責任 114
24 「二期作」か「二毛作」か 118
25 リスタートを成功させる「助走」の方法 122
26 セカンドステージで「給料泥棒」にならないために 126
27 「求められるスキル」があるか 131
28 「好きな仕事がない」は本当か 135

29 どんな社外ネットワークを持っているか 140
30 ときには「蛮勇」を振るってみる 145

第4章：人間関係

「なりたい自分」と他人との新しい関係 151

31 人間関係では「立ち入り禁止地域」に注意 152
32 こんな人間関係は「離す」にかぎる 156
33 死ぬまでつきあえる人間を3人持つ 161
34 チャレンジの目的は成功ではない 166
35 万事において「スケベ」でいい 171
36 「愛されキャラ」が気をつけていること 175
37 「嫌なヤツ」から学ぶ余裕 179
38 謙虚で損をすることはない 183

第5章：挑戦

「愉快なフィナーレ」のためにチャレンジしたいこと

「愉快なフィナーレ」のためにチャレンジしたいこと……187
39 心の「?」「!」「!!」「♡」を育てる 188
40 「学び＝遊び」という生き方もいい 192
41 「決めつけ」は人を不自由にするだけ 196
42 「他人《ひと》が喜ぶ」を自分の喜びにする生き方 201
43 「今回の人生」にやり残したことはないか 205
44 高齢者がクルマを運転するとき 209
45 ボランティアで上質の生き方を探る 213

第6章：仕上げ

弘兼憲史、「後期高齢者」になりました …… 219

46 「もの忘れ」に対抗するために 220

47 大事にしたい「親子の距離感」 224

48 夫婦の「別住」を実現するためには 230

49 捨てたくないもの以外は捨てる 234

50 〝オン・オフ〟を大切にする 237

51 「人生は楽しんだもん勝ち」 241

52 人生のフィナーレをどう飾るのか 244

参考図書 247

第6章構成／南山武志
編集協力／㈱フォンテーン
本文DTP／今井明子

弘兼流　70歳からのゆうゆう人生

「老春時代」を愉快に生きる

第1章：心構え

人生後半「愉しく、快適」こそが最大のテーマ

01 好奇心がなければ、死んだも同然

「本当に落ち着きがないなあ」

小学生、あるいはそれ以下の幼稚園児などを見ていると、つくづくそう思います。とくに男の子は本当にジッとしていません。

「危ないな。あの柵に上ったりしないよな」

「あの泥んこの中に入ったりしないよな」

「まさか、落っこちてるあのペットボトル、蹴飛ばさないよな」

たまに公園などを散策していて、そう思いながら遊んでいる男の子をちょっと観察してみます。すると十中八九、危惧していた通りのことをします。

私がネーム（漫画の筋書きやセリフ）を作るときに利用するファミリーレストランでも似たような風景に出くわします。

意味もなく卓上のソースに手を伸ばしたり、爪楊枝をテーブルの上にまき散らしたり、とにかく大人にとっては意味不明の所業のオンパレード。親に注意されると、今度は、たとえば靴下を脱ぎはじめる。

「ホント、男ってバカだな」

「同病相憐《どうびょうあいあわ》れむ」ではありませんが、自戒の意味も含めてそう感じることがあります。自身、男の子の親である方はもちろん、身近に男の子がいる方なら、ほとんどの方が似たような経験をしたことがあるのではないでしょうか。

ただし、この「バカ」には批判や軽蔑の意味はありません。いわば「愛すべきバカ」といった思いが込められています。おそらく、私の子ども時代も似たようなものだったと思います。この「バカ」は、決して悪いことではないのです。

なぜなら、そうした行動はまさに旺盛な好奇心の表れだと思うからです。私は脳科学者ではありませんから、脳のメカニズムのことはわかりません。けれども、そうした落ち着かない行動は、まだなにも書き込まれていない、真白な状態の脳が刺激を受けた結果のように思えるのです。

「あれ、なんだろう?」

まず、何かが目に入るとそう反応します。そうすると「面白そうだ」「見てみよう」「触ってみよう」「蹴飛ばしてみよう」と脳が指令を出す。そうやって男の子は無意識のうちに脳に新しい情報を書き込んでいるのではないか……。そんな風に感じます。脳の中でそういう一連の反応が起きているように私には思えます。

だから、そのネタ探しのために、落ち着きがなく、いつもキョロキョロしているのではないでしょうか。

ところが、成長するにつれて、こうした反応の機会は減ります。もちろん、中学、高校、大学、社会人とそれぞれのフェーズでそれなりに「エッ? ワー! ヘー!!」はあるのでしょうが、新しい情報の書き込みへの情熱が失せていきます。ましてや、中高年にもなれば、その「症状」はさらに進むでしょう。

乱暴な言い方になりますが「バカ」ではなく「お利口」にはなるけれど、好奇心もなくなってしまっているわけです。けれども、ヘタにお利口になるよりも、バカでも好奇心が健在であるほうが、人生は愉快なはずです。

好奇心こそ、新しい発見、新しい自分の原動力だからです。場合によっては、「ウソから出たまこと」ならぬ「バカから出たまこと」の可能性もあります。

ちなみに「待ち合わせ時間の1時間前に」は私のモットーです。

たとえば誰かと6時に待ち合わせる場合、その場所には5時に行くのです。そして周辺をゆっくり歩きます。すると、知らない脇道に逸れただけで突然、景色が変わったり、予想もしなかったような店に出会ったりすることがあります。これだけで、小さな刺激、小さな驚きを味わえます。

日ごろの生活の中でも、最寄り駅のひとつ先の駅で降りて歩いてみる、快速をやめて各駅停車に乗ってみる、いつも電車ならバスで帰ってみる、タクシーで1000円の距離を歩いてみる……。自分のルーティンをちょっとやめるだけで、「エッ？　ワー！　へー!!」は生まれるはずです。

「人間、好奇心がなくなったら、おしまいだ」

作家の遠藤周作さんは、そうおっしゃっていたそうです。「おしまい」よりも「バカ」のほうが人生は愉しく、快適です。

02 「散り散りの時代」に欠かせないもの

「ウィズコロナ時代」が到来した現在、いわゆる「三密回避」の生活スタイルはしばらく続くと考えておくべきでしょう。コロナ以外のほかの感染症が発生する可能性もあります。これからの人生を少しでも快適に過ごそうとするなら、冷静かつ理性的にその対応方法を考えなければなりません。

「コロナ以前に早く戻ればいい」

そうした願望を抱く気持ちもわかりますが、なかなかむずかしいと感じます。今回のような世界の変化というものは、決して一過性のものではないと私は考えます。

かつてバブルが崩壊したとき、多くの人が夢のような時代の再来を確信しながらこんな言葉を口にしていました。

「いつになったらこの異常事態はなくなるのか？」

しかし、そうした願望が叶うことはありませんでした。バブル崩壊後の生活は「異常」ではなく「常識」になってしまったのです。

おそらく、今後しばらくはある程度の「三密回避」は「常識」になっていくのではないでしょうか。そうなると、ビジネスのシーンであれ、プライベートなシーンであれ、人間関係のあり方を変える必要があります。

「散り散りの時代」そんな時代が到来しているのです。

ビジネスシーンの常識も変わります。

たとえば、クライアントのオフィスに足繁く通い、実績を上げていた営業マンの評価は１８０度変わるでしょう。「精力的で熱意のある営業マン」が「要領の悪い、時間泥棒」とか「濃厚接触に鈍感な人」「自分勝手な人」になってしまうかもしれません。これまで軽妙な雑談を交えながら直接面談してビジネスを進め、実績を重ね、まわりからも高評価を受けていた人が、いわば時代遅れの人になってしまうかもしれません。

プライベートなシーンでも同様です。

家族関係でいえば、自立して外で暮らす子どもが遊びに来る回数は間違いなく減るでしょう。孫の顔を見る回数も同様です。

「同僚に感染させるわけにはいかない」とか「幼稚園で感染源になったら困る」、あるいは「高齢な親が感染したら、重症化するから」といった理由で、外出を控えることが多くなるはずです。

　また、同窓会、かつての会社仲間との会合、ゴルフ、コンサート鑑賞、映画鑑賞の機会も減ることは間違いありません。旅行も影響を受けるでしょう。海外旅行はもちろんのこと、国内旅行の機会も減ることは間違いありません。シニア世代に人気だった豪華客船の旅、格安の一泊平日バスツアーなどは敬遠する人が激増し、企画そのものの存続もむずかしくなるかもしれません。それが今後定着する「日常」だと覚悟しておいたほうがいいでしょう。

　では、その「日常」を機嫌よく過ごすために、どうすればいいのでしょうか。とにかく「散り散りの時代」を理解し、克服する能力を身につけることです。

　まず、人生の後半期を充実させるために必須なのが、ＩＴを上手にこなすスキルです。さまざまな情報の獲得手段としてはもちろん、ビジネスパーソン、家族、友人との円滑なコミュニケーションの手段として、あるいはエンターテインメントを愉しむ手段として、パソコン、タブレット、スマホは欠かせません。

少し前、コロナ感染防止対策として、生花《せいか》の競《せ》りをリモートで行っているという報道がありました。市場関係者が競りの参加者に生花の画像を送り、競り落とされていました。われわれが知っている大声が飛び交う市場の姿はどこにもありませんでした。

「時間節約にもなるし、市場の熱気に惑わされず冷静に購入できる」

競りの参加者もそんな感想を漏らしていました。

「散り散りの時代」だからこそ、登場した「異常」ですが、おそらくすぐに「常識」になるはずです。

「散り散りの時代」のこうした変化は、あっという間にあらゆるシーンで生じるはずです。コロナ禍がＩＴの存在力をわれわれに気づかせたといっていいでしょう。

03 「移動が制限される時代」のライフプラン

「散り散りの時代」とは「移動が制限される時代」にほかなりません。

緊急事態宣言下、私たちはその不自由さ、堅苦しさを経験しました。会社や学校にも行けない、散歩もできない、気軽に買い物にも行けない、遊びや旅行にも出かけられない、人にも会えないといった日常の中で強く感じたことがあります。

「移動の自由って、なんて素晴らしいのだろう」

私たちは、それを痛感したのです。

極端な例ですが、刑務所に収監されることを考えてみれば、わかりやすいかもしれません。重い罪を犯し実刑判決が確定した人間は、移動の自由を奪われます。それが、罪を犯した人間に対する罰として、もっとも効果的だからにほかなりません。

ドイツのメルケル首相（当時）は、コロナ禍による緊急事態下、国民に厳しい制約の理解を求めました。演説の中で、こんなことをいっています。

「連邦と各州が合意した休業措置が、私たちの生活や民主主義に対する認識にとりいかに重大な介入であるかを承知しています」（ドイツ連邦共和国大使館ホームページより）

そう語ったうえで、こう続けます。

「こうした制約は、渡航や移動の自由が苦難の末に勝ち取られた権利であるという経験をしてきた私のような人間にとり、絶対的な必要性がなければ正当化し得ないものなのです。民主主義においては、決して安易に決めてはならず……」（同）

戦時下はともかく、ほとんどの日本国民は移動の制限を経験したことはありません。しかし、社会主義政権時代の東ドイツ出身のメルケル首相にとって、移動の自由は当然あるべきものではなく、特別のことなのです。

メルケル首相の話はともかくとして、移動の自由は、快適な人生にとってとても重要な要素だと覚えておかなくてはなりません。

しかし、今後しばらくは日本においても、移動には一定の制限が求められるでしょう。

そして、これまでは移動によって実現してきたことを、別の手段で代用することを考えなければならないでしょう。

前項でも述べましたが、移動の制限という観点からも、ITスキルは欠かせません。とくに中高年は、ITへの苦手意識、偏見を捨てなければなりません。すでにビジネスのシーンでは先見性、柔軟性のある企業や個人は、ITを駆使して移動せずに円滑に業務を行っています。さらにプライベートなシーンでも、同様の方法が必要になってくるはずです。

私自身もコロナ以来、それまでは直接会って進めていた担当編集者との打ち合わせ、各メディアとの打ち合わせなどは、可能なかぎり、LINE、メールあるいはビデオ会議のZOOMなどで行っています。実際に会っての打ち合わせは、それなりに楽しいですし、雑談の中で面白いプランが浮かんだりすることもあって、有意義な時間なのですが、「散り散りの時代」の宿命と割り切っています。

少し前、知人が「最近の若いヤツは……」とお馴染みの枕詞で話しはじめました。

会社で2メートルしか離れていない席の部下が、業務に関する報告をすべて社内メールですますことを嘆いていました。たしかに、口頭で直接伝えてほしいという気持ちはわからなくはありませんが、「散り散りの時代」では、それが常識になっていくのではないでしょうか。

私自身「なんで、メールですますの？」と感じることもなくはありません。

実際、若い世代の中には、「？」と感じるほど、直接話すことを避けたがる人がいます。しかし、私は「そういうものなんだな」と理解しています。

もちろん、コミュニケーションにおいては、実際に会って口振り、仕種、表情などから微妙なニュアンスを察知しなければならないこともあります。しかし、それはごくかぎられたケースですし、そのニュアンスを忖度《そんたく》することは必ずしもプラスになるとはかぎりません。これからはビジネス、プライベートを問わず、ＩＴをうまく利用したコミュニケーションが必要なのです。

「散り散りの時代」を「非常識だ」と怒ったり、「さみしい」と悲しんだり、「なに考えているんだ」と呆れたりしていては、愉しく生きてはいけないのだと発想を変えていくことです。

04 ひとり暮らしを自由に愉しむ

中年の女性が多く集まってランチをしている店は、じつに賑やかです。大いに語り、大いに笑い、大いに食べています。中高年女性の声が大きいのは「喋ることで声帯が鍛えられているからだ」という説があるそうです。

一方、男性は中高年になると概ね声が小さくなります。それは話す機会が減ることで声帯が弱くなっているからとか……。いわれてみれば、一般的に中高年男性は同世代の女性たちと比べて、話し相手が少ないような気がします。

そのせいかどうかはわかりませんが、「寂しいひとり暮らし」というと「おじいちゃん」を連想する人が多いのではないでしょうか。しかし実際のところ、ひとり暮らしに性差はありません。ひとり暮らしの高齢者は年々増加しています。そして「孤独死」などもしばしば問題視されています。

たしかに、世界でもトップクラスの長寿国ですから、日本国内に老人が増えるのは当然です。しかも、時代とともに二世代、三世代が同居する家族形態は減少しています。とくに東京などでは、二世代が一緒に住める家を持つことは容易ではありません。高齢者のひとり暮らしもおのずと増えます。また地方は地方で都会に出る人が多いため、こちらも高齢者のひとり暮らしは増える一方です。

高齢者のひとり暮らしというと、「寂しい、哀しい、辛い」と連想する人がいるかもしれませんが、もしかするとその人たちは「ひとり暮らし＝孤立暮らし」と早合点しているのではないでしょうか。長年ひとり暮らしを実践した私としては、大いなる誤解、いや大間違いであると断言したくなります。

「孤立」は社会と断絶し、家族や友人らとの関係性すら遮断されている状態です。対して「ひとり暮らし」は、少なくとも私にとっては社会性、円滑な人間関係を損なうことなく、自由に愉快に生きていることを意味します。

第一、ときどき目にする「独居」とか「独居老人」という言葉も好きにはなれません。「ひとり暮らし」だけではダメなのでしょうか。私は逆に、ひとり暮らしという言葉に、ロマンさえ感じてしまいます。そもそも「ひとりぼっち」はともかくとして、「ひとり」は、孤立とは無縁の言葉です。若いころ、誰しもがひとり暮らしに憧れ、自由、快適といったイメージを連ねていたはずです。

最近では、ひとりの快適さを実感する人が増えているからこそ、「おひとり様ブーム」が起きたとも考えられます。ひとりで高級レストランやエステサロンを利用し、旅行やキャンプもひとりで愉しむ人たちが増えています。それは着実に高齢者層にまで広がっている気がします。

そんな高齢者たちは、自分はひとりぼっちで寂しいなどとは感じていません。制約のない自由気ままな暮らしは、贅沢《ぜいたく》とさえいえるでしょう。

しかし、同じひとり暮らしでも、ひとりぼっち、いうなれば孤立状態の高齢者がいないわけではありません。自らは不本意ながら、家族とは疎遠、友人、知人もおらず、寂しさを募らせる日々。新聞は読まず、スマホやパソコンにも縁遠いためにSNSでのコミュニケーションもままならない人たちです。

ここ数年「キレる高齢者」「困った高齢者」が問題になっています。店員を怒鳴りつける、駅員を殴りつける、何が気に入らないのか、通りがかりの人に罵声を発する、といった傍若無人ぶりがマスコミなどで取り上げられることも珍しくなくなっています。認知症の症状なのかもしれませんが、もしそうだとすれば、周囲がそれに応じた対策を練らなければなりません。

これは孤立が招いた結果かもしれません。おそらく、それはこれまでの生き方にその原因があるのです。万事において自己中心的で、他人の意見に耳を傾けない、柔軟なものの考え方ができない、とにかく偏屈など、原因はさまざまでしょう。ひと言でいえば、健全な社会性を身につけないまま高齢者になってしまったのです。

改めて確認しておきますが、「ひとり」や「ひとり暮らし」を愉しむマインドは、健全な社会性をないがしろにしようとするものではありません。

「王さまは裸だよ」

この言葉が自分に向けられているうちは、まだ修正の余地はあります。

しかし、周囲の関心対象から自然消滅したり、排除されたりしたら、もう手遅れかもしれません。「ひとりぼっち」の世界は殺伐《さつばつ》としています。

05 ヒロシさんが教える「ひとりは素敵だ」

最近、なにかにつけて「絆」「つながる」「支え合う」などという言葉を耳にします。音楽の世界でも「そばにいる」「ひとりじゃない」といった歌が多いように感じます。そうしたメッセージはいずれも「素敵なこと」として発信されています。けれども、私はなんとなく違和感を覚えます。こう問いたくなります。

「ひとりじゃダメなんですか？」

BS-TBSで『ヒロシのぼっちキャンプ』という番組が放映されています（編集部注・2023年1月現在シーズン6放送中）。お笑いタレントのヒロシさんが日本全国のキャンプ地をクルマでめぐり（放映時の愛車はスズキ・ジムニーという4駆の軽自動車）、タイトルにあるように、そこでひとりぼっちのキャンプをするという番組です。

群馬県の利根川上流、埼玉県の奥秩父といった魅力的なキャンプ地をめぐり、たったひとりで料理をするヒロシさんを見るのが私は好きでした。この手の番組ではしばしば「自慢のキャンプ料理」が紹介されがちですが、ヒロシさんの料理は普通なところが素敵でした。ただし「飯ごうのご飯は達人級」と控えめに自慢していました。

ヒロシさんが〝ピン芸〟で人気を博したのは、もう20年くらい前になります。テレビのお笑い番組の常連になり、「ヒロシです……」ではじまる自虐ネタの秀逸さに、デビュー当時、美輪明宏さんも絶賛したと伝えられています。

自身のネタなどを記した書籍『ヒロシです。』（扶桑社）は30万部を記録。お笑い界の寵児《ちょうじ》と称されるくらいの売れっ子になりました。ちなみに出身地、熊本県の地方紙のインタビューに答えたそのころの最高月収は４０００万円（！）。人気タレントの「稼ぎっぷり」には改めて驚かされます。

ただし、多くの「一発屋芸人」の例にもれず、ヒロシさんもほどなくしてテレビ画面から消えていきました。仕事はほとんどなくなり、真剣に自殺を考えたときがあったと述べていますから、まさにどん底の状態が続いたのでしょう。

その後、ヒロシさんが活躍の場を求めたのが「YouTube」でした。２０１５年からはじめた『ヒロシちゃんねる』は年々チャンネル登録者数を増やしており、大変な人気ぶりです。

そこでも徹底した自虐ぶりが紹介されました。

「今年、消えそうなお笑いタレントの名前に、もはや載っていませんでした」

独特の悲哀やユーモアが伝わり、クスッと笑えます。自虐ネタを集めた『ヒロシの日めくり　まいにち、ネガティブ。』（自由国民社）という日めくりカレンダーも話題になり、ずいぶん売れたようです。

ヒロシさんが復活を遂げた背景には、多くの人たちの「ひとり暮らし」への共感があるように思います。それは「家族を持たないことは寂しい」といった漠然とした〝常識〟に対するアンチテーゼでもありました。

「家族は気をつかわなくてすむ」そういう人がいますが、本当でしょうか？

一緒に暮らしていて気をつかわずにすむわけがありません。「家族がいないのは不幸だ」もウソです。ヒロシさんを見ていると、独身生活、ひとり暮らしを十分愉しんでいるように思えてなりません。

定年後の家族は決して優しくありません。もちろん、優しく接してくれる奥さんや子どもはいるでしょう。しかし、それは例外中の例外、と思ったほうがいいでしょう。極端な話になりますが、お金は持ってこない、家事はしない人間を温かく迎えてくれる家族などいません。

現役時代はぎりぎり「掛け替えのない人」だったかもしれませんが、定年後は「欠けてもいい人」になっているかもしれないのです。

それが定年後の現実だと認識すれば、家族に依存するよりも、自分と向き合い、家族と一緒に暮らすにしても「ひとり上手」にならなければなりません。

ひとりを充実させるために目指すのは、家庭以外で「掛け替えのない人」になることです。仕事でもボランティアでも「役に立っている」という実感を得ている人は、生き生きしています。

もし、それが見つからない（見つけたくない）のなら、せめて家族を含めた他人に迷惑をかけないような生き方をしたいものです。

現在、私は家族とは2軒の家で別れて暮らしています。日中はアシスタントがいるので、一日中ひとりではありませんが、ひとり暮らしの愉しさを実感しています。

２０１９年、ヒロシさんが上梓した書籍『ひとりで生きていく』（廣済堂出版）の帯コピーにはこう書かれています。

「群れない、媚びない、期待しない　絶望せずに生きる、独り身社会の処方箋　つながらずに生きるのは、こんなにラクで素晴らしい！」

その通り！　と思わず快哉《かいさい》を叫びそうになってしまいました。

あなたも、ひとり上手の暮らしを模索してみませんか。

06
「他人へのデリカシー」がある距離感

惜しまれつつ、若くして他界した江戸時代の風俗研究家、杉浦日向子《すぎうらひなこ》さんによると、江戸時代の下町は町人同士の絶妙なプライバシーの配慮があったそうです。

落語にしばしば登場するのが八っつぁん、熊さんですが、長屋の住まいを行き来するシーンが登場します。そんなときの決まり文句が、

「おい、熊さんいるかい」

「おお、八っつぁんかい。へえんなよ」

こうして八っつぁんを家に招き入れる熊さんですが、江戸庶民が肩を寄せ合って住んでいた長屋は、隣の部屋とは薄い壁で仕切られ、入り口の扉も蹴飛ばせば開いてしまうような代物でしたが、たとえ顔見知りであってもひと声かけて入るのが自然と身についた礼儀、マナーだったのでしょう。

八っつぁん、熊さんは落語の世界では親友の設定になっています。それでも、お互いのプライバシーにはきちんと一線が引かれていました。気心は十分、知れているけど「つかず離れず」のいい関係ができていたのです。

杉浦さんによると、江戸っ子にもっとも人気のあった着物の柄は縞模様だったそうです。線が決して交わらない縞模様のデザインは、江戸庶民の人づきあいの基本を表していた、と杉浦さんは述べています。

人間関係でのデリカシーの大切さは、江戸時代ばかりか、普遍的なものといっていいでしょう。仕事のシーン、家庭を含めたプライベートなシーンで生じるトラブルの多くは人間関係の不具合です。

私はよくファミレスで仕事をします。そこでデリカシーのない人に遭遇します。中高年の男性の場合も少なくありません。「何かやらかすのでは?」と感じてしまうことも少なくありません。

代表的なのが、とにかく横柄な人。「おい、早くオーダーだ」などと周囲がはっとするような大声を平気で立てます。4、5人くらいの家族連れでやって来て、おじいちゃんだけがそんな言い方をすることもありました。不思議なのは、一緒にいる家族が、まったく無反応なこと。いつものように、という感じなのですが、いったいどんな家族なんだと、呆れてしまいます。

もうひとつが、スタッフに馴れ馴れしく接するタイプ。これも中年男性に多く、常連なのでしょうか、なかには若いウエイトレスを「ちゃんづけ」で呼んだりする人もいます。女性は明らかに戸惑っているのですが、客だからと仕方なく硬い笑顔で対応します。本人はそんな状況をまったく把握できていません。

「親しき仲にも礼儀あり」どころか「親しくないのに礼儀なし」です。テレビでこういう芸能人、有名人が登場すると、じつに不快です。「なにを偉そうに」と、最近はマスクの中で小さな声を発してしまいます。

このような人たちは、自分を客観視すること、俯瞰的《ふかんてき》にものをとらえることができません。自分が周囲からどう感じられているかを考えたことがないようです。「ちゃんづけ」のすべてが悪いわけではありませんが、それは相手が許容する親密さがあってのことです。相手との距離感がまったくわかっていないのです。

土足でズカズカと他人の心に入り込んでくる人が好かれるわけがありません。無遠慮さ、デリカシーのなさは、世代を超えて「ノー！」を宣告されます。とくに中高年はデリカシーの感度を劣化させてはいけません。

何度も述べますが、世界、そして日本はコロナ禍以後、「散り散りの時代」に突入しました。「ひとり化社会」に拍車がかかるでしょう。実際、趣味やゲームでひとりの時間を愉しみ、食では「ひとり焼肉」の店も人気のようです。老若男女を問わず「おひとりさま」はブームではなく、常識になっていくでしょう。そのこと自体、私は悪いことだとは考えていません。

そんな中で好かれるのはデリカシーの感度を高く保ちながら、他人ときちんとした距離感を持てる人です。

ひとりよがりの距離感しか持たない人は間違いなく嫌われます。

07 ＩＴは人生後半の「快適幅」を広げる

「俺はアナログで結構」

そんな主張をする人は、現在ではさすがに少数派だとは思いますが、50代、60代はもちろんのこと、70代以上の世代でも可能なかぎりＩＴのスキルを高めておくべきです。

では、どうやってそれを克服すればいいのでしょうか。

簡単なことです。得意にしている若い人に尋ねればいいのです。ところが、「言うは易《やす》く行うは難《かた》し」のたとえ通り、これができない中高年が多いようです。

知人女性から聞いた話があります。ある会社で実際にあった話です。

「部長、クライアントから私にもＣＣでメールが送られてきているんですが、写真はギガファイル便です。私は外出してしまうので、ダウンロードして、社内サーバーにアップお願いします。それから、プリントアウトして、今日中に常務に渡しておいていただけますか」

新人社員のリクエストに対して、ＩＴ恐怖症の部長はこう答えます。

「えっ、えっ……。う、う、うん……」

そして、戻ってきた新人社員に尋ねられます。

「部長、やっておいていただけましたよね？」

部長はただ無言でうつむいていたそうです。

彼女は「うんって、おっしゃったじゃないですか」という言葉を飲み込んで、パソコンに向かったそうです。「こりゃ、ダメだ」と隣の同僚に耳打ちしながら……。

「申しわけないけど、教えてもらえないかな」

若い人に対して、これが素直にいえない中高年は少なくありません。

もっとひどい例もあります。私がイベント会社の重役と話していたときのこと。その70代の重役が私にこういいました。

「今度、ちょっとご相談したい企画がありまして、後日、お電話させていただきます」

私はこう答えました。

「メールで企画書を送っていただけますか」

私のいつもの仕事の進め方です。するとこんな答えが返ってきました。

「すみません。メール、できないもので……。エヘヘ」

私がもらった名刺には、しっかりとメールアドレスが書いてあります。戸惑っている私の表情に気づいたのか、彼はこういいました。

「わかりました。部下にメールさせます」

私はどう答えていいのかわかりませんでした。

知人から聞いたエピソードにせよ、私が遭遇した御仁《ごじん》にせよ、なぜ若い人に「教えてください」といえないのでしょうか。それができない高齢者は悲しい存在です。

百歩譲って、人前でそれがいえないなら、誰も見ていないところで頭を下げてみてはどうでしょうか。日常生活に困らない程度のスキルはすぐに身につきます。なにもグラフィックデザイナーやプログラマーになれといっているわけではありません。

もし、あなたがパソコンなどのＩＴを苦手にしているのなら、いまからしっかりと学習しておくべきです。これからはビジネスシーンであれ、プライベートシーンであれ、直接人に会う機会は激減します。クラス会、同郷人会といったイベントも同じでしょう。

　他人とのコミュニケーションが、好むと好まざるに関係なく、ＩＴ中心になることは間違いありません。

「携帯電話がある」

　そう反論する人がいるかもしれませんが、若い人の中には、一切電話には出ないという人も少なくありません。ましてや、年齢を重ねれば耳が遠くなる可能性もあります。ＩＴがわからない人は「孤立」の憂き目にあうことを覚悟しなければなりません。ＩＴは「散り散りの時代」を「老春時代」にするために不可欠なものです。

「教えてほしい」これだけでいいのです。人生後半の「快適幅」が広がります。

08 「わからないこと」から好奇心が湧く

知人からの受け売りですし、それがどこにあるのかは忘れてしまいましたが、ある古代遺跡の壁には「最近の若い者は……」という意味の古い言葉が刻まれているそうです。「そうかもしれないな」と思わず納得してしまいます。古今東西、高齢者の口癖なのでしょう。

高齢者はとかく、自分の経験則、価値観に縛られ、新しいこと、自分がにわかに理解できないことに対して、一方的な拒否反応を示してしまいます。こういう発想をしているかぎり、その人に「老春時代」は訪れません。

「春」は英語では「SPRING」。ほかに名詞としては「泉」「水源地」といった意味やほかにも「弾力」「活力」「成長期」という意味があります。動詞としては「跳ねる」「飛び立つ」「芽を出す」といった意味があります。

いずれにせよ、ポジティブで清々《すがすが》しいイメージを喚起する言葉です。

ところで、「最近の若い者は……」という言葉ではじまる発想からはほとんどの場合、古臭くて、かたくなで、独善的な結論しか導き出されません。もちろん、古いことがすべて悪とは思いませんし、キャリアを積んだ人を「最近のジジババは」とひとまとめに否定するつもりもありません。それでは「最近の若い者は」と同じ穴のムジナになってしまいます。

けれども、古くていいものを評価することがそのまま、新しいものへの評価を拒む姿勢につながってしまうのは悲しいことです。そうならないために忘れてはならないことがあります。

「わからない」

前の項目でも述べましたが、新しいことに対して、まずこういえるようなスタンスを持つことが、「老春」を過ごすためには欠かせません。

「わからない」と素直にいう姿勢は、そのことに対する好奇心、理解への努力を生み出します。そのうえで、自分にとって必要なものなのか、そうではないものかを判断すればいいのです。

新しいものに対して、知ったかぶりをしたり、確かめもせずに拒否反応を示したりするだけでは、残りの人生をつまらないものにするだけです。

精神科医の和田秀樹《わだひでき》さんの著書『先生！　親がボケたみたいなんですけど……』（祥伝社）によれば、認知症を発症させない、あるいは進行させないために大切なことは「脳を悩ませること」だそうです。その意味から考えると、新しい水を受け入れて自分の脳を「泉」のようにしておくことが大切なのではないかと感じます。

「新しい水＝わからないこと」を受け入れなければ、水はすぐに澱《よど》んでしまいます。澱んだ水の場所には新しい生き物が誕生したり新しい植物が芽を出したりすることはありません。

なにか新しいものに遭遇したら、まず「おや？」と疑問を抱いてみる。ちょっと眺めたり、触ったりして「面白そう」と好奇心を喚起させる。いろいろと情報をインプットして「わからない」を経て「なるほど」と理解する。そして「わかった」と自分のスキルとして身につけたり、誰かに話したりしてアウトプットする。

こういう姿勢こそが、人生の後半期を「老春」にするために必要なのです。新しい情報に対して好奇心を喚起させ、インプット、アウトプットを繰り返すことは「脳を悩ませること」そのものにほかなりません。認知症を遠ざけることにもつながります。「自分が利口だと思っているからダメなんだよ。自分がバカだと思っていれば、いろいろなことを教えてもらえるし、発見もあるんだよ」

２００８年に亡くなられた、私の大先輩で敬愛する赤塚不二夫さんはそんな意味の言葉を残しておられます。

残念ながら、親しくおつきあいをする機会はありませんでしたが、この言葉通り、どんなときでも素直に「わからない」といえた方なのでしょう。戦後ギャグ漫画の祖ともいうべき方ですが、その作品の根底には、果てしなく湧き上がる好奇心、そしてその好奇心に従って行動するパワーがあふれていたのではないでしょうか。もちろん、素直に学ぼうとする謙虚さもお持ちだったのでしょう。

想像の域を出ませんが、赤塚さんはいつでも「若い者は、面白いね」というマインドをお持ちだったのではないだろうかと感じます。

09 もう一度「上り坂」に挑んでみる

少し前までは、「100歳？　冗談でしょ、そんな長生きは無理」

そう笑い飛ばしていましたが、いやいや冗談ではなくなってきました。いまや100歳まで生きる人がどんどん増えています。

政府主導で「人生100年時代　構想会議」という有識者会議が開かれるという記事を見たときも、今風にいえば「マジですか？」と感じました。

けれども100歳以上の人口がここまで増えてきたら、有識者が意見を出し合うことに多くの人が納得するはずです。厚生労働省の統計（2019年）によると、100歳以上の日本人は約7万1000人。2023年の現在はさらに増え続けていることでしょう。

その数は新国立競技場を埋め尽くし、さらにあふれるくらい100歳以上の人が日本中にいる計算になります。もっと先を見据えれば、日本人の100歳以上の人口は2050年には53万人を超えるという予測もあります。

さすがに私は30年後も生きているとは考えにくいのですが（こともなくはない？……）、それにしても日本人の長寿ぶりには改めて驚かされます。100歳とまではいわないものの、間違いなく現在の日本は90歳台の老人があふれかえる状況なのです。いまも高齢者の増加によるさまざまな社会的な歪《ゆが》みが生じつつありますが、今後はさらに深刻な事態が予想されます。最大の問題は医療や介護、年金制度などを支える社会保障費の膨張という現実です。しかしながらその一方で、少子化による若者世代、働く世代の減少という現実があります。そのため、社会保障制度の崩壊も現実味を帯びてきました。

国がこのようなマクロ的な問題の対応策を練ることはもちろん重要なことですが、それにも増して重要なことは、私たち一人ひとりが今後の「超高齢化社会」の到来に向けて準備をしておくことだと思います。

まず「老後」に対する認識を改めることです。

ひと昔前までは、遅くても70歳くらいからは人生の中の「余生」でした。少し先に見えはじめた「死」に向かって下り坂をゆっくりと歩いていく。残された時間を静かにのんびりと愉しんでいければいいと誰もが感じていたはずです。たしかにその時間が10年ほどなら、そんな時間の過ごし方も成立したかもしれません。

ところが、いまや「余生」は20年、30年までに及ぶのです。

それはもはや「余生」ですませられる時間の長さではありません。なだらかな下り坂だけが続く「余生」などではなく、「現役人生」の延長と捉えなければならないのです。その道には、これまで生きてきた時間と同様に、間違いなくいくつかの上り坂もあるでしょう。

ただし、上り坂といっても、愉しみなどひとつもない苦難に満ちあふれた道というわけではありません。それまでの人生がそうであったように、目の前に現れた課題に挑戦し、それを克服して味わう達成感も用意されている上り坂です。そこには、もし挑戦しなければ決して出会うことのなかった美しい風景が待っているのです。

もちろん、その美しい風景は人によって異なるでしょう。

仕事で成功を収めることかもしれません。趣味のスキルを高めることかもしれません。

新しい幸福な人間関係を持つことかもしれません。しかし、その意志さえあれば、誰もが新しい花を「もうひと花、ふた花」咲かせることのできる上り坂なのです。

その上り坂で花を咲かせるために、中高年はもちろん、その予備軍である世代も心しておかなければならないことがあります。そのひとつが「健康寿命」を延ばすことです。日本人は世界的に見て平均寿命の長い国です。しかし、病院や介護の世話にならずに日常生活を送れる平均年齢は70代後半を少し超えた程度ではないでしょうか。大きな病院に行くと、その世代の人たちの姿を多く見かけます。

二度目の現役人生で健康寿命を延ばすために大切なのは「食」と「運動」です。神経質になる必要はありません。私流のポイントは「無理をしない」につきます。

健康というと、人によっては「今日は5キロ走ろう」「スポーツジムで筋力アップ」と目標を決め、その達成にストイックになることがあります。健康それ自体が目的になってしまってストレスを重ねるのは、本末転倒です。

「食」でも同じように「8キロやせよう」と無理な目標を設定し、達成できないと逆にヤケ食いをして体重を増やしてしまうという笑えない話もあります。

最近は「ビーガン」といって肉、魚はもちろん、牛乳、チーズといったすべての動物性タンパク質を食べない人もいるようですが、あまりストイックになりすぎると息苦しくなってしまいます。

私もダイエットを目指したことがありますが、目標値に届かなくても深刻になったりしません。のんびり続ければいいと割り切って、「できることをする」でいいのです。「食」も「運動」もそれ自体が目的ではありません。目的は、老春時代を愉しむことなのですから。

⑩「あんなオジサン」になりたくないなら

「あんなオジサンにはなりたくないな」

歳をとると、10代、20代のころは、自分とはまったく無縁だと思っていたのに、「なりたくない自分」に近づいていることを思い知ることがあります。

とくに50歳を過ぎるとその頻度は増していきます。もっとも感じるのは、体力面の衰えです。心肺機能、筋力が低下し、持久力、瞬発力が低下します。

たとえば階段の上り下りがつらくなる、なんでもないところでつまずく、重いものが持てなくなる、とっさの動きができないなど、数え上げたらきりがありません。さらに気候の変化への順応という点でも、衰えが生じます。とくにちょっとした寒さにも敏感になります。

「人込みの動きに遅れる」「ゆっくりと階段を上る」「真夏でも長袖を着る」といった、

20代のころは「なりたくない」はずだった中高年に自分がなっているのです。

また、ゴルフのときには、体力の衰えをいやというほど痛感します。

これはゴルフをやる人なら誰でも感じることでしょうが、歳をとると飛距離が低下します。若いころ、150ヤードのショートホールのティーグラウンドでキャディバッグからドライバーを抜く年配プレイヤーを見て、驚いたことがありますが、歳をとると誰でも選ぶクラブも変わっていきます。当然のことながら、スコアも歳とともに落ちていきます。飛距離が落ちる大きな理由はスイングスピードの低下です。飛距離が出なければ、それだけスコアメイクもむずかしくなります。

スコアが悪くなるもうひとつの理由が視力の低下です。

視力の低下によって、まずパッティングがダメになります。グリーン全体のアンジュレーション、カップまでのライン、距離を正しく読めなくなってくるからです。一流のプロゴルファーが第一線を退くことを決意するのは、パッティング力の衰えを自覚したときだという説があります。パワーの衰えは経験と技術で補える。けれども、視力の衰えによるパッティング力の低下を補うことはむずかしいということのようです。

私自身もゴルフが大好きですが、年齢とスコアの関係を強く感じます。

しかし、ゴルフ好きとしては、そう簡単にあきらめるわけにはいきません。私のベストスコアは、40歳のときに出した80で、それ以来スコアは低下傾向にありますが、その更新はむずかしいにせよ、なんとかいまのレベルを維持したいと思っています。

ゴルフだけのためにというわけではありませんが、体力、筋力アップのために私は日に何度かスクワットをしています。最近とくに感じることなのですが、残りの時間が少ないわけですから、時間を有効に使いたいと感じます。ですから、ちょっとペンを止めてひと息つくときにスクワットとか、シャワーを浴びながらスクワットといった調子です。

健康面でいいのか悪いのかわかりませんが、季節を問わず、私は湯船につかることがほとんどありません。ちなみに温泉旅館に泊まりに行って、風呂に一度もつからずに帰ってきたことも一度や二度ではありません。

ですから朝起きると、すぐにシャワーです。そしてシャワーを浴びながらスクワットです。素っ裸でスクワットをしている姿は誰にも見せられませんが、私にとって朝のシャワーは、目も覚める、清潔になる、そして筋力もアップとまさに一石三鳥。

ゴルフに関していえば、私のようなゴルファーは、いつも平らなところでボールが打てるわけではありません。

ゴルフをされる方は百も承知でしょうが、しばしば山の斜面に打ち込んで、いわゆる左足下がり、右足下がり、前足下がり、前足上がりといったスタンスでのショットを余儀なくされます。下半身がしっかりしていないと的確なショットは打てません。そんなときに、日ごろのスクワットが活きてくるわけです。

話がずいぶん逸れましたが、とにかく高齢者がハッピーな人生を送るうえで、筋力アップは欠かせません。とくに人間の筋肉の約70％は下半身に集中しています。転倒などによる骨折が原因で歩けなくなる高齢者が多いのはご存じでしょう。ぜひあなたもスクワットにトライしてみてはいかがでしょうか。

若いころに嫌っていた「あんなオジサン」とサヨナラできるかもしれません。

⑪「重宝される生き方」は愉快だ

通学時間帯、下校時間帯に小学校の近くを通りかかると、横断歩道などで高齢者が子どもたちの安全のために旗を持って誘導している姿を見かけます。ともすれば見逃しがちですが、とても立派な活動だと感じます。

また、商店街、とくに地方の街などでは、かなりの高齢者が店番をしている風景に出会います。農家などでも同様。70代、80代はまだまだ現役真っ最中、90代になっても農作業をする高齢者も少なくありません。さまざまな社会の仕組みの変化によって、若年層が地方を離れてしまうことから生まれた風景なのかもしれません。

歳をとってからも、社会貢献の担い手、あるいは労働力として期待されることは素晴らしいことだと思います。

「重宝」という言葉があります。

漢字は重々しいのですが、ふだん私たちがこの言葉を使うときは「それなりに役に立つ」とか「使い勝手がいい」といった軽いニュアンスが込められています。しかし、この「重宝」は老春時代の生き方の重要なキーワードかもしれません。

歳をとれば、仕事でもなんでも、量的なパフォーマンスが落ちることは事実です。たとえば営業マン。若いころは取引先を一日に20軒回っていたのに、それができなくなります。作家なら、一日原稿用紙30枚書けていたのが20枚になり、長距離トラックのドライバーなら、一日の走行距離が短くなるかもしれません。それは仕方のないことです。

しかし、体力的な衰えによって、こなせる量は減りますが、それと同様に質的パフォーマンスが落ちるわけではありません。長い経験で培った成功のノウハウを生かしてクオリティーを上げることは可能です。若い世代には真似できないパフォーマンスの質的高さで十分に「重宝される」生き方ができるのです。

「入ったと思った打球がフェンス前で捕られて、引退を決めた」

何人かのプロ野球のバッターが、現役引退の際に口にする言葉です。しかし、彼らの多くはホームランを打てなくなっても、ホームランの打ち方を教えることはできます。

稲刈りはできなくなっても、若い人に苗の育て方は教えられます。漁には出られなくても漁網の補修は若い人よりも上手にできます。エクセルやパワーポイントは使いこなせなくても、結婚式の招待状に毛筆であて名書きをすることはできます。

忘れてならないのは、いくつになっても、自分ができることがあるということ。それを実行することで「重宝される」生き方があるということです。孫を育てることは無理でも、何時間か世話することで子どもから「重宝される」わけですから……。

余談ですが、私も少しは「重宝されている」かもしれません。

私がメンバーになっているゴルフ倶楽部のひとつは非常に格式が高く、先輩メンバーの方々のマナー順守の姿勢に驚くことが少なくありません。

たとえばトイレでのシーン。手洗い後、メンバーのほとんどの方々は洗面台の周囲の水はねをきれいに拭き取ります。この光景を見たとき「さすが！」と感じると同時に、「あっ、自分に似た人がいる」と思いました。私自身がもともと「拭き魔」で、このゴルフ倶楽部でも入会以来、同じことをやっていたからです。

とくに潔癖症というわけではありませんが、自分の家はもちろん、たとえばファミレスの洗面台でも水滴が飛びはねた洗面台を見ると、拭かずにはいられません。

家やオフィスでも散らかっているテーブルやデスクは片付けたくなりますし、玄関の脱ぎっぱなしの靴は揃えずにはいられません。以前、家族で外食をしたとき、テーブルを拭く私を見ていた妻が、後日「テーブルを拭く夫」というエッセイをどこかのメディアで発表していました。これは私の性分としかいいようがありません。

もちろん、ゴルフ倶楽部の先輩メンバーの方々がそうであるように、私はまわりの人間に「きれいにしろ」などと注意することは決してありません。なぜなら、「好きでやっている」からです。もっといえば「やらせてください」という気持ちさえあります。褒《ほ》められることを目的にしているわけではなく、好きでやっていることなのですが、私よりも高齢で錚々《そうそう》たるキャリアの持ち主である先輩メンバーの方々から「重宝する若造だ」と感じていただければ嬉しいです。

文字の通り、「重い宝」という存在であり続けることができれば、それはとても愉快な老春時代といっていいでしょう。

第2章：家族

「自分は自分、家族は家族」で生きてみる

⑫ 夫婦間の不快な距離感、ギクシャク感

「お前百まで、わしゃ九十九まで」

最近はトンと耳にしなくなりましたが、そんな言葉があります。どちらかというと、夫から妻へのメッセージと思われがちですが、どうもそうではないようです。

この「お前」は、もともとは敬語です。「わしゃ」は「わたくし」であって、妻である「わしゃ」が夫である「お前」に敬意と愛情をもって向けたメッセージというのが正しい解釈のようです。

いずれにせよ、「夫婦が長生きして、死ぬまで仲睦まじく過ごしましょうね」ということのようです。たしかに、相手に対する愛しさが存在し、なんの不満もなく、一緒にいてストレスもなく、機嫌よく生きている夫婦もいるかもしれません。そうであれば、「お前百まで、わしゃ九十九まで」も大いに結構なことです。

けれども私の実感としては、そんな夫婦は、誤解を恐れずにいえば、かなり少ないような気がします。

お互いにさまざまな不満やストレスを抱えつつも、お互いに「ま、いいか」と折り合いをつけるというか、あきらめるというか、そんな気分で夫婦生活を続けているのではないでしょうか。

だからといって別れてしまえば、お互いに不都合も生じます。夫婦によって、依存の形は異なるでしょうが、たとえば妻が専業主婦だったとすれば経済面で困難が生じますし、家事を妻に任せっきりだった夫なら、毎日、右往左往《うおうさおう》してしまうでしょう。

熟年離婚した場合、世間体も気になります。お互いに別れた場合のスッキリ感を夢想しながらも、しかし、マイナス面を秤《はかり》にかけて、結婚生活を続けている夫婦も多いことでしょう。小さな怒りや不満、ストレスに目をつむっているといってもいいかもしれません。

しかし、こういう関係は本当に幸せなのでしょうか。

「お前百まで、わしゃ九十九まで」はそのあとに「ともに白髪《しらが》の生えるまで」と続きますが、「ともに怒りが消えるまで」となると、決して幸せとはいえません。

こうした状態の原因が、相手の暴力、浮気、浪費、ギャンブルといったはっきりとしたものなら、離婚するという選択もあります。

けれども、それほど決定的なものではなく、生活スタイルが違うとか、価値観が違うとか、自分にはやりたいことがあるのに理解を得られないといったことが原因で、不満、怒り、ストレスが生まれているのだとしたら、なかなかすぐに離婚というわけにはいかないでしょう。

話し合ってお互いの違いを尊重しつつ理解し合えればいいのですが、長い間一緒に暮らしてきたにもかかわらず生じてしまった夫婦間の不快な距離感、ギクシャク感は、話し合ったからといって消し去ることはむずかしいでしょう。

それに、こうした関係はそもそも「どちらが正しいか」を基準にして白黒つけられる問題ではありませんし、白黒つけることになんの意味もありません。もし白黒つけてしまったら、お互いの溝はさらに深まるばかりでしょう。

こうした関係が生まれる最大の要因は、お互いが本当の意味で自立していないからではないでしょうか。そして、怒りや不満やストレスを感じながらも、万事においてなんとなく依存し合って暮らしている。そして、かなりの時間を一緒に過ごしているからです。

もし、あなたが「うちの女房なんて」からはじまる愚痴を外で本気で口にしているとしましょう。そんな愚痴を口にしているとき、突然、クシャミをしたくなることはありませんか？（笑）

間違いなく、あなたの奥さんもどこかで噂話をしているのです。「あの人ったら」ではじまる愚痴に違いありません。「あの人」は、もちろんあなたです。

残りの20年、30年を不快な距離感、ギクシャク感を覚えながら一緒に生きていくのは、お互いにハッピーとはいえません。

真面目に対策を講じるべきでしょう。

13「別住」で、ひとり時間をデザインする

「退職金が出たら、山分けして別れましょう」

妻からそう提案されたら、あなたはどうしますか？

「それも悪くないな」

そう思えたら、もしかすると、あなたたち夫婦にとって、それは愉快な「老春時代」の幕開けになるかもしれません。それぞれの人生に、新しい可能性、新しい希望、新しい愉しみが芽吹く春の訪れかもしれません。

私は離婚であれ、別居であれ、長年連れ添った伴侶と別れて暮らすことを悪いこと、悲しいこととは思いません。実際、私は妻とは別の家で暮らしています。離婚はしていません。

「別住」

「別居」というと、なにやら、どこか暗かったり、悲劇的だったりするので、私はそんな言葉を使っています。

なぜそうしたのか。

とくにいがみ合ったとか、嫌になったとか、「別住」のきっかけになるような大きなトラブルがあったわけではありません。ご存じの方もいらっしゃるでしょうが、妻も私と同様に漫画家です。ある意味、特殊な職業です。

創作に没頭すれば、普通の夫婦とは違った時間をそれぞれが過ごさなければなりません。ネーム（漫画のストーリー、セリフ）作りに苦戦するようなことになれば、ピリピリすることもありますし、締め切りが迫ってくれば一心不乱に作業に打ち込まなければなりません。

また、創作の時間帯やスタイルが異なりますから、一緒にいる時間もかぎられてきます。長年続けてきていますから、無理にそれぞれの創作のスタイルを変えて、時間を共有するようにしてしまえば、お互いの仕事にいい影響はないはずです。

どんな夫婦、どんなカップルでもそうでしょうが、つきあいが長くなれば、多かれ少なかれ、快適とはいえない距離感、ギクシャク感が生じることがあります。それによって「同住」することがお互いのメリットではなく、デメリットになることがあります。

お互いにそう判断して、いまの形になりました。妻も経済的には自立していますし、私自身も、料理は大好き、洗濯や掃除もまったく苦にならない男ですから、きわめてスムーズに「別住」をはじめられました。また、子どもはすでに自立していますから、子育ても完了しています。

そうしたライフスタイルをはじめると、じつに快適です。

仕事はもちろん、ゴルフ、旅行、親しい友人とのつきあいなど、自分の時間の過ごし方を自由にデザインし、充実させることができます。また、妻と些細《ささい》なことで言い争ったり、言葉の行き違いで相手を不快にさせたり、逆に不快になったりすることがなくなりました。

一緒にいる時間が少なくなった分、妻の立場、考えていること、主張、感情のあり方などを冷静に考える時間が増えたようにも思います。妻への感謝、リスペクトの気持ちを再確認する機会も増えたように思います。

「経済的に恵まれているからできること」

そんな声も聞こえてきそうです。それを完全否定するつもりはありませんが、「別住」は、それほど経済的に敷居の高いライフスタイルではありません。子どもの教育を終えてしまえば、工夫次第で可能なのではないでしょうか。

実際、私の知人で自宅近所に小さなアパートを借り、妻や家族に気兼ねなく、趣味の油絵にいそしんでいる人間がいます。また、定年間近のある知人は、シェアハウスに居を移し、セカンドキャリアに備えて社会保険労務士の資格を取るために勉強に余念がありません。

彼らの夫婦間の距離感、ギクシャク感がどうであるかは知る由《よし》もありませんが、会って話してみると少なくとも充実した「別住」を実現しているように思えます。

今回のコロナ禍によって、リモートワークが注目され、働き方、暮らし方の可能性が広がりつつあります。職住近接が何かと便利だという考え方に、疑問符がつくようになりました。

これからは、会社からも、これまで住んでいた家からも遠い、家賃の安い場所に「別住」の拠点を置くこともしやすくなるに違いありません。

さらに、仕事においても人の移動を必須としないスタイルが定着しそうです。「別住」の選択肢もどんどん広がるのではないでしょうか。

「ひとり時間」を愉しく充実させながら、妻とは快適な距離感をいつまでもキープする。こういうライフスタイルは「アリ」だと私は強く感じます。もしかすると、薄れていた妻への愛情が蘇るかもしれません。

14 対立、憎しみが生まれる前に

「仲よき事は美しき哉」

文豪・武者小路実篤の言葉です。たしかにそうでしょう。けれども主語が「仲よくしなければならない事」となったら、それでも美しいでしょうか。「すべき」「ければならない」といった強制は決して美しいことではありませんし、当然のことながらとても不自由なことです。

これは夫婦、恋人、友人、上司、同僚などあらゆる人間関係にいえることでしょう。ことに夫婦関係に「仲よくすべき」という強制が加えられたら、とても悲惨なことになってしまいます。戦国大名同士の政略結婚は別ですが、恋愛結婚であれ、見合い結婚であれ、もともとお互いの自由な意志で結婚という選択をしたわけですから、はじめは「美しき哉」という関係だったはずです。

しかし、ともに生活する中でさまざまなシーンで「仲わるき事」が生じてくるわけです。そして、3組に1組の夫婦は離婚という選択をします。では、ほかの夫婦は「仲よき事」といった関係を取り戻せるかというと、必ずしもそうではありません。お互いにギクシャク感、不快感を覚えながらも、「仲よくしなければ」ともがきます。そして、一緒にいることのマイナス面と別れることのマイナス面を秤にかけて、一緒にいることを選択するわけです。

つまりはこうです。

別れるデメリット＞一緒にいるデメリット

けれども、そうした夫婦関係を続けていくうちに、この図式は変わっていきます。二人の間にあったギクシャク感、不快感が消えてしまうこともあります。あるいは、消えはしないものの、もはや秤にかける必要がないほどに、ギクシャク感、不快感が小さくなっていくケースもあるでしょう。

「今回の人生はこのままでいいや」と諦念というか、妥協というか、達観というか、そう結論づけてしまうわけです。世の夫婦の多くはこうした選択をしているのだと私は感じます。とくに年月を重ねると、お互いに新しいライフスタイルを選ぼうという精神的パワーがなくなります。平たくいえば「面倒くさい」のです。それはそれで非難されるべきことだとも私は思いません。

しかし、いつまでたってもギクシャク感、不快感が消えず、それどころかそれがますます膨らんでいくケースもあります。お互いの間に芽生え、成長し続けるこうしたマイナスの感情はあるとき、「変異」してしまうことがあります。

ギクシャク感↓対立

不快感↓憎しみ

感情であれ、なんであれ、量的な蓄積は質的に変化してしまう傾向があるのです。小さな傷でも手当てをしなければ傷口が開いて化膿しますし、小さな潰瘍でも放っておけばガンになることもあるでしょう。

別れるデメリット＜一緒にいるデメリット

こういう夫婦関係なら、別住や離婚という選択を考えるべきかもしれません。夫婦間のこうしたギクシャク感、不快感、別な言葉で表現すれば「齟齬《そご》」は、ほとんどの場合、どちらが悪いという問題ではありません。どちらも悪くないのです。

齟齬とは、本来一致するはずの両者がうまくかみ合わない状態です。一致するはずだった結婚生活のリズムが崩れ、音色が調和しなくなったわけです。ですから、白黒つける性質のものではありません。泥仕合になる前にそれぞれの道を歩むことがお互いの幸福のためなのです。

「別れる事は美しき哉」

そういう選択も大いに結構なことだと私は考えます。

武者小路実篤はこんなこともいっています。

「君は君、我は我也。されど仲よき。色と言うものはお互いに助けあって美しくなるものだよ。人間と同じことだよ。どっちの色を殺しても駄目だよ。どの色も生かさなければ」

⑮「暮らし方」の多様性が増す時代

「別れる事は美しき哉」

そう述べましたが、誤解のないように申し上げますが、なにも世の夫婦に「早く別れなさい」と推奨しているわけではありません。

始終一緒にいてお互いがストレスを感じたり、お互いの言動がやたらと気になったり、その結果、不快な空気が流れてしまうようなら、ライフスタイルをリメイクしてみてはどうかというのが私の考えです。

前に述べた「別住」や、近郊に家庭とは別にひとり暮らしのスペースを持つ「デュアルライフ」は、その意図からの提案です。

それが無理なら、ひとつ屋根の下に暮らしながら、お互いの活動時間を意図的にオーバーラップしないようにする。あるいは干渉しあわないように居住空間を独立させるという方法もあります。もちろん、夫は家事一切を自分でこなすのは当然です。

もうひとつ、私が注目しているライフスタイルがあります。

「株式会社アドレス」が運営している「定額住み放題　多拠点生活プラットフォーム」です。1カ月定額料金で全国に点在する住宅の部屋に住めるというシステムです。礼金、敷金などの初期費用は一切なし。生活に必要な設備、寝具、料理道具などは揃っている。もちろんネット環境も完備。このシステムの利点は、運営する各地の住宅に好きなときに何回でも移り住めるということ。

「いつもの場所がいくつもある、という生き方。」

このキャッチフレーズが示す通り、一カ所での定住ではないのがミソです。

いまシェアハウスがブームですが、さらに一歩進化してひとりで複数のシェアハウスを利用できるということになります。二親等以内の家族、固定のパートナーも無料で利用できますから、「別住」を望む夫婦以外でも利用価値はありそうです。

リモートワークが可能であれば現役世代の「別住」や「ひとり暮らし」にはピッタリといってもいいでしょう。ロケーションも、海や山などの自然に恵まれていますから、都会の喧騒を離れて暮らしたい人にもおススメでしょう。交通費はかかりますが、気分転換に「短期移住」を繰り返すことも可能です。

　何度も述べますが、コロナ禍はそう簡単には終息するとは思えませんし、新たな感染症の可能性を指摘する専門家もいます。そうならないことを願うばかりですが、私たちはコロナ禍で、外出自粛、三密回避など極端に行動が制約されたこともありました。そして、これまで常識とされてきたライフスタイル以外のライフスタイルもあることを知りました。

　リモートワークはそのひとつです。

　以前から、ＩＴ関連企業などを中心にリモートワークを導入していた企業はありましたが、少数派にすぎませんでした。けれども「やむにやまれず」急遽《きゅうきょ》、リモートワークに切り替えた企業も、導入してみると不都合がないことに気づきました。

「円滑な業務が可能なのか」

「社員が家でサボるのではないか」

　聞くところによると、そんな懸念を示していたある会社の総務担当役員が、こういったそうです。

「交通費や打ち合わせ費、残業代が減って、コスト削減になった」

一方では、若い層を中心に「家のほうが仕事もはかどる」という声も上がっているそうです。

また、多くの人が「誰かと会わなくてもそんなに困らない」ということにも気づきました。私たちは、常識が非常識に、非常識が常識になるシーンに立ち会ったといってもいいでしょう。一流企業は一等地に一流の社屋を持つという常識も、近いうちに非常識になるでしょう。

いままで常識とされてきた家族、夫婦、ひとり暮らしの人のライフスタイルも、急速に変わっていくことは間違いありません。

その意味では「いつもの場所がいくつもある、という生き方」は、新しい時代の新しい暮らし方として、十分に検討に値するものだと私は感じます。

⑯ 「女性脳」の構造を男はわかっていない

「虎の尾を踏む」という言葉があります。ご存じでしょうが、非常に危険なことをしてしまうことのたとえです。

考えてみると、夫婦、家族、友人、仕事関係、あらゆる男女関係において、この危険が潜んでいるように私は思います。とくに夫婦関係においては、ちょっとした言動が虎の尾を踏むことになりかねません。20年、30年と長い間一緒に暮らしてきた夫婦であっても、踏まれると怒りが爆発してしまう「尾」をお互いが持っていることを忘れてはなりません。

もっとも、一度や二度相手の尾を踏んでも、相手が我慢するなり、話し合って誤解を解くなり、謝罪するなりすれば、なにもなかったかのように修復することは可能なのですが、何度も踏んでしまうと夫婦の間にギクシャク感、不快な距離感が生じます。

とくに夫はしばしば妻の尾を踏んでしまいます。

「なぜ、いまになって何十年も前の話を蒸し返して怒りはじめるのだろうか？」

相手は妻にかぎりませんが、あなたが男性なら、想定外の女性の反応に戸惑ったことがあるはずです。

その原因はどうやら「男性脳」と「女性脳」の違いにあるようです。

ここから先はベストセラーになった黒川《くろかわ》伊保子《いほこ》氏の著書『妻のトリセツ』（講談社）で知ったことなのですが、女性が過去の話を蒸し返して怒るのは「女性脳」の特徴によるものだというのです。

「すでにケリがついたはずの過去の失敗を、まるで今日起きたことのように語り出し、なじる妻。〈中略〉女性脳は、体験記憶に感情の見出しをつけて収納しているので、一つの出来事をトリガーにして、その見出しをフックに何十年分もの類似記憶を一気に展開する能力がある。つまり、夫が無神経な発言をしたら、「無神経」という見出しがついた過去の発言の数々が、生々しい臨場感を伴って脳裏に蘇ることになる」（同書より）。

ちょっと引用が長くなりましたが、妻や恋人、あるいはほかの女性を怒らせたり、泣かせたりした過去のシーンを、多くの男性は思い出すのではないでしょうか。

この本ではトリガー、つまりは引き金という言葉を使っていますが、私流の解釈をすれば、女性は何本もの尾を持っているということになるでしょうか。

また、著者の黒川氏はこのほかにも、「男性脳」と「女性脳」の違いをわかりやすく展開したうえで、夫婦間の会話の進め方についても「なるほど」と感じる提案をされています。とくに、妻が悩みや不満を打ち明けたとき、夫がどう対応すべきかを紹介しています。

- 妻の話を最後まで聞く
- 妻の言い分に対して、否定から入らない
- 論理的な展開を避ける
- 妻は解決策の提示など望んでいない

夫は得てして、妻の話を最後まで聞かずに、話の腰を折って「だから！」と前置きし、

妻の主張を否定しながら、論理で解決策の展開を試みます。それは「男性脳」の特徴のひとつなのだそうです。

しかし、妻が夫に求めているのは「聞いてもらう」と「共感してもらう」であって、論理や解決策の提示などまったく求めていないというわけです。

夫婦間のコミュニケーションの際、「男性脳」と「女性脳」の違いを忘れずにいれば、ギクシャク感、不快感が生じる回数が激減するのではないか。私はそう思います。

かなり前にテレビで観た上方の老夫婦漫才師のネタを記憶しています。

ある日、朝ご飯を食べていると、妻が突然、夫の頭を叩きます。「30年前のあんたの浮気を思い出して腹が立った」のが理由です。次に夫の言葉でオチがきます。

「それ以来、私、朝ご飯のときはヘルメットかぶっています」

男性と女性、その諍《いさか》いの原因は、どちらが正しいかではないのです。ただ「違う」ということなのです。「そんなことがあったんだ」「大変だったね」と静聴と共感の対応法を男性が忘れなければ、男女の人間関係にヘルメットは不要です。

⑰ 夫婦間の新しい「愛情のカタチ」

「別住」というライフスタイルは、決して夫婦間の愛情が消滅することを意味するわけではありません。

一緒に暮らすことの快適さよりも、距離を置いて暮らすことの快適さを選ぶ、と考えればいいだけの話です。長い時間、一緒に暮らした結果、お互いの間に不快な距離感、ギクシャク感が生じる。「顔を見るのもイヤだ」ほどではないにしても、些細なことで不快感や怒りを覚えるようになってしまえば、一緒に暮らしていても愉しいはずがありません。

たとえが的確かどうかはわかりませんが、料理を美味しく仕上げるには「灰汁《あく》とり」が大切です。「ちょっと離れて暮らしてみよう」という選択は、長年一緒に暮らしたことで浮かんできた夫婦生活の「灰汁」を取る作業と考えてみてはどうでしょうか。

「別住」が愛情の形の変化であることを物語るエピソードがあります。子どもの自立を契機に、「別住」をはじめたある知人夫婦の話です。紹介します。

もともと、妻である女性が私の知り合いでした。その後、その夫とも面識を持つようになりました。いわゆる共働き夫婦で、それぞれかなりの収入がありました。夫の定年退職、子どもの自立を機に、それまで夫婦で住んでいた家を彼女が出ました。そして、クルマで15分ほどの場所のマンションに移り住みました。

「別住」を切り出したのは妻です。

夫は大手マスコミ系会社で働き、役員にもなりました。定年退職後、子会社の非常勤顧問。妻は現役のグラフィックデザイナーです。

熱烈な恋愛の末、結婚に至ったのですが、ゆっくりと彼女の心の中に疑問、不満が芽生えはじめ、そして結婚36年にして決断したのです。

その理由はふたつありました。

ひとつは、結婚以来、夫が家事、育児、子どもの教育をすべて自分任せにしてきたこと。それを当然のように思っているのか、感謝の言葉はほとんどありませんでした。

そして、もうひとつは夫が「乳離れ」していないことでした。折に触れ「うちのお袋」というタイプ。

夫に対して憎しみが芽生えたわけではありません。彼女はこう表現しました。

「あるのは愛情というよりは、長い間、慣れ親しんできたという感慨。ひと言でいえば、愛着、そう愛着は多少……」

そんな彼女のリクエストに応じた夫ですが、未練なのか、週に2、3回、なにかにかこつけて電話をかけてきます。また月に1回は食事をしながらお互いの近況報告をするような関係です。

ところが、あるとき、夫からの電話が1週間、途絶えました。妻が電話をかけても留守電になっています。血圧が高め、医者からは不整脈を指摘されたこともあります。

「もしや」と気になった彼女は夫の住む家を訪ねました。合鍵で玄関のドアを開けると、夫がいくらか驚いた様子で目の前に立っています。

「あれ、どうしたの？　なにかあった？」

彼女の心配をよそに、夫はキョトン。それを見た彼女は口ごもりました。

「電話に出ないから……」

しかし「心配になって見に来た」という言葉は飲み込みました。「まだ愛している」というメッセージと思われたくなかったのです。それでも、夫は嬉しそうだったようです。彼女は「元気そうね。じゃ、帰るから」と即座に立ち去ろうとしました。すると、夫がこんなことをいったそうです。

「いやあ、ひとりで暮らしてみて、キミの大変さがわかったよ。大変だったんだね。……。あ、ありがとう」

私にこのエピソードを話してくれた彼女は、こう結びました。

「ずーっと胸に刺さったままだった棘《とげ》が抜けた気分です」

「別住」には、夫婦が一緒に暮らしていては経験できないさまざまな「気づき」があります。それは、夫婦間の愛情の変化、そして新しい愛のカタチを知るきっかけになるのではないでしょうか。

「別住」という選択は「灰汁とり」の効果ばかりか「棘抜き」をもたらすこともあるのです。

18 「夫婦は戦友」というマインドで生きてみる

もちろん私には戦争体験はありませんが、こんな風に感じることがあります。

「長く連れ添った夫婦は戦友のようなものだ」

結婚してしばらくの間は恋人感覚を抱きながら「愛の園」で暮らします。やがて子どもが生まれ、子育てがはじまります。生きていくステージが「家庭」に変わるのです。

そして、どんなに愛し合っていた二人でも、そこからは「愛している」だけではすまないさまざまな問題や現象が生まれます。

- 子育ての分担
- 子どもの教育方針
- さまざまな経済問題

・それぞれの実家との関係
・価値観の相違
・「なにか気になる」といった違和感

夫婦によって違いはあるでしょうが、とにかく愛情とは別の現実的な問題が生じます。「愛しているから」と望んで住みはじめた楽園だったはずなのですが、だんだんと戦場のようになってしまうのです。

それでも、お互いに困難を乗り越えるために戦います。その途中でどちらかが降伏したり脱走したりするケースもありますが、子どもの自立までともに戦った夫婦は一応、戦いに勝利したといっていいでしょう。

つまり、お互いに対する多少の不満は我慢し、子どもを守りながら、外敵に対して一緒に戦って得た勝利です。ここで夫婦生活の前半は終了です。

本当なら、戦場は楽園に戻るはずなのですが、ことはそう簡単ではありません。戦場には、なぜか小さな火種がいくつも消えないまま残っていることに気づきます。戦っていたときには見て見ぬふりをしていた火種です。

この火種の本質は夫婦間に生まれた不快な距離感、ギクシャク感です。やがて、戦友だったはずの二人の間に対立が生じます。今度は内戦がはじまってしまうことがあるわけです。

こうした対立、内戦を回避してお互いが平和に機嫌よく生きていくためにはどうしたらいいのでしょうか。

比喩的に表現するなら、火種のくすぶる戦場を去るという選択肢があってもいいように思います。

スタイルとしては「完全別住」でもいいでしょうし、「ときどき別住」でもいい。それが無理なら、「同住」しつつも、ひとり時間を多くして一緒にいる時間を少なくするのもいいでしょう。要は角突《つの》き合わせるシーンをできるだけなくすことです。お互いにマイペースを認め合い、新しい距離感を設定するのです。

人は得てして、土俵が前にあると、つい上がりたくなる。土俵に上がれば戦いたくもなってしまう。だから、相手が土俵に上がりそうなら、自分は静かにその場から去る。

そうすれば、夫婦間のつまらない相撲ははじまりようがありません。

ちょっと大げさな物言いになりましたが、私が「夫婦は戦友」と考えるのはそんな思いからなのです。そうしたマインドで熟年時代の夫婦関係を捉えて、それぞれにライフスタイルを築けば、不快な夫婦関係を回避できるのではないでしょうか。

すでに亡くなりましたが、戦争体験者であった私の父は、何年かに1回開かれる戦友会を愉しみにしていました。

戦争そのものは過酷なものだったとは思いますし、思い出したくもないエピソードもあったに違いありませんが、たまに会う戦友だからこそ、いい思い出話だけを改めて分かち合っていたのだと思います。

熟年夫婦も同じように戦友として、快適な距離を保ちながら愉しい思い出だけを共有すればいいのです。一緒にいる時間が長ければ、くすぶる火種に息を吹きかけて炎を呼び起こす機会も多くなってしまいます。

もっとも、内乱の火種がまったくない熟年夫婦には、余計なお世話かもしれませんが……。

⑲ 父が私にしてくれたこと

私は子どもに対して親がとるべきスタンスを次のように考えています。

- 幼少期から自立するまで→好奇心を抱く機会をできるだけ多くつくる
- 自立後→子どもへの理解と精神的応援

ひとつ目については、この本の読者のほとんどの方はあまり関係がないかもしれません。

私自身が漫画家を志すようになったのは、もしかすると父の存在が大きかったのかもしれません。もちろん、幼いころから漫画が好きで、見よう見まねで漫画を描いていましたが、映画も大好きでした。これは父の影響にほかなりません。家の近くだったこともありますが、映画好きの父はよく私を映画館に連れて行ってくれました。

私は幼稚園児のころから、多くのハリウッド映画、ヨーロッパ映画、まさに全盛期だった日本映画をたくさん観ています。以来、現在に至るまで、映画鑑賞は私にとって欠かせないものです。多忙だったサラリーマン時代は本数こそ減りましたが、会社を辞めたばかりのころは、一日に8本くらい観たこともあります。

小説をはじめ活字ももちろん好きなのですが、映画は活字とは違い、形や色が具体的です。映画を観て映像をインプットすることは、漫画創作にも役に立つことが多いのです。その意味で、幼いころに映画への扉を開いてくれた父には感謝しています。

ふたつ目の自立後の話をしましょう。私の場合は漫画家を目指して会社を辞めるときも、私の気持ちを父は理解し、応援してくれました。

大学卒業後、私は当時の松下電器（現パナソニック）に就職しました。いわゆる一流企業ですから、自分でいうのもなんですが、周囲からもうらやまれましたし、家族は大喜びでした。出身地である山口県はもちろんですが、とくに京都、大阪以西の地域では、松下電器の評価は絶大です。

ところが、3年3カ月後、私は会社を辞めてしまうのです。なんの保証もないまま漫画家への道を選んだのです。

「もしもし、俺、会社を辞めたんだ」

母に電話でそのことを伝えました。

しかし、返事がありません。あまりのショックで声が出ないようです。母が血相を変えて、うろたえている様子が目に浮かんできます。

「お、お、おとうさん！　おとうさん！」

電話を代わった父は、ポツリとひと言いいました。

「まあ、いいじゃないか」

父とて落胆しないはずはありません。それでも、父は静かにこう言葉をつなぎました。

「中小企業共済にだけは入ったほうがいいぞ」

反対はしない、応援する。しかし、今後の生活が心配だからアドバイスはする。混乱する胸の内を私に悟られないように、父はそんな対応をしてくれたのです。

幸いなことに、私はほどなくデビューを果たし、漫画家として独り立ちできるようになりましたが、このときの父の対応はいまでも忘れられません。傍《はた》から見れば、無謀で愚かなと思われても仕方のない選択です。しかし、父は子を信じる親として、最高の対応をしてくれたのです。

その後、そのことについて改めて感謝の言葉を父に伝えることはありませんでしたが、漫画家としての私の奮闘ぶりがそのメッセージであることを理解していてくれたと確信しています。

⑳ 親が子どもに残すもの

子どもが自立したら、「別住」をはじめ、夫婦はそれぞれに好きな生き方を模索したほうがいいということはすでに述べてきました。

しかし、子どもが自立した後も、経済面で支援する高齢者も少なくありません。要は「子離れ」ができていない親、「親離れ」できていない子どもです。

余るほどの蓄えがあるのならともかく、わずかな貯蓄とそれほど多くはない年金で暮らしていながら、「子どもに残したい」という思いから切り詰めた生活をしている高齢者もいます。そういう生き方は、ちょっと不自然なのではないかと感じます。

私は自分で稼いだお金は、生きている間に使い切るのが理想だと思っています。やりたいことをやりつくして、床に臥《ふ》せることも、ボケることもなく、家族や周囲に迷惑かけない。そして、ある日、散歩中に道端で倒れ、苦しまずに人生に終止符を打つ。

財布の中には、1万円札が一枚。そんなフィナーレを迎えられれば最高です。

借金を残さないのは当然ですが、財産も残さない。経済的にはプラスマイナスはゼロ。これでいいのではないでしょうか。親の遺産をアテにして生きるのも、子どもにとってロクなことはありません。

ただし、子どもに残しておいたほうがいいものがあります。それは「記憶」です。

「死ぬ前に、もっと親の話を聞いておけばよかった」

つい最近、父親を亡くした知人がそんな言葉を漏らしました。出身地、学歴、現役時代の経歴など、大ざっぱなことは知っていますが、自分が生まれる前の父親の人生についてあまり知りませんでした。

仕事熱心で彼と妹を養ってくれましたが、もともと寡黙な人で自分のことについて進んで話すタイプではなかったそうです。愉しかったこと、悲しかったこと、そのエピソードに関する具体的な話を聞くことはなかったそうです。

「NHKテレビの『ファミリーヒストリー』で調べてほしいくらいです」

知人はいくらか寂しそうにいっていました。

私自身、13年前に父を亡くしました。88歳でした。

私の父もどちらかといえば寡黙なタイプでしたが、それでも私が物心ついたころから、いくつかのことを私に話してくれました。父はサラリーマンを定年まで勤めあげました。中国で戦争を体験しています。

幼いころ、一緒に風呂に入ると背中に傷があるのに気づきました。銃弾が貫通した痕で、よく指で触っていました。銃弾は貫通した場合、入った場所より出た場所の痕が大きくなります。背中の入った場所より出た場所のほうが大きかったものです。

当時、多くの戦友がそうであったように、そのまま死んでもおかしくないほどの重傷でしたが、幸運にも親切な中国人の農家の人に助けられて傷が癒えるまでかくまってもらい、命拾いしたそうです。

「傷口にウジ虫が這って痒かった」

いつの時代でも、国家のトップレベルでは、対立する構図がしばしば生まれますが、庶民レベルではお互いに人間同士、理解し合い、助け合う関係はあるのです。

戦争体験については、それほど多くは語りませんでしたが、後年、戦死者の慰問団に加わって中国に行きました。探したものの、瀕死《ひんし》の父を救ってくれた家族には会えなかったようですが、街並み、道路、風景は当時のままだったといいます。帰国してから、感慨深げに私に話してくれました。父にしては珍しいほどに能弁だったことを覚えています。

いまになって思うことですが、そうした戦争体験ばかりではなく、もっと父の人生ヒストリーを聞いておくべきだったと悔やまれてなりません。

私自身も、自分の子どもに詳しいヒストリーを話したことはありません。しかし、表現者として、漫画作品、あるいはエッセイを世に出しています。私の死後、私がどんな人間であったか、どんな風に生きてきたかを知る縁《よすが》にしてくれればと考えています。

「記憶して下さい。私はこんな風にして生きて来たのです」

夏目漱石の『こころ』の一節です。親子の間で語られた言葉ではありませんが、印象深い言葉です。親が子どもに相続すべきは、財産ではありません。

第3章：仕事

「死ぬまで愉快に働く」ための10のポイント

21「死ぬまで働く」は悲しいことじゃない

「私、死なないような気がするの」

ご存じの方もおられるでしょうが、作家の宇野千代さんは晩年、そんなことをおっしゃっていたそうです。別の項でも述べていますが、宇野さんは私と同じ山口県岩国市の出身です。

とはいっても、この世に生を受けて、死なない人間はいません。生を受けた時点から死への旅がはじまるのです。

「生のはじめに暗《くら》く、生のおわりに冥《くら》し」という、空海の有名な言葉があります。実際にはもっと長いもので、『秘蔵宝鑰《ひぞうほうやく》』という仏教書の中にある言葉の一部分です。「わたしたちは何も知らないままに生まれて、何も知らないままに終わる」といった意味ですが、おおざっぱにいえば「生と死という大きな問題を、ほとんどの人はあまり考えずに人生を送っている」ということでしょうか。

空海はそれを徹底的に考え抜いた人だと思いますが、要するに「死を思え」（メメント・モリ）ということが、人生をよりよく生きるための秘訣ではないかと思います。

少子高齢化で年金制度のシステム自体があやしくなってくると、厚生労働省などが「人生100年時代」ということで、今度は「死ぬまで働く」社会に移行しようとしています。

人口が減少していく時代の年金制度の問題は、ずいぶん以前から指摘されてきましたが、考えてみれば、日本の年金の歴史にしても、約150年くらいしかありません。明治時代の海軍軍人の恩給がはじまりでした。

人類の何万年という歴史から見れば、ほんのつかの間にすぎないわけです。

体が元気なら人間は畑を耕したり魚を獲ったりしてきたし、老人は老人なりの知識や見識、経験を生かすという役割があったと思います。

食料が乏しい場合には、口減らしのために姥捨《うばすて》のようなこともあったかもしれませんが、その前に大抵病気で亡くなりました。つまり人類は、体が動かなくなって亡くなる直前まで、なんらかの形で働いてきた時代のほうが圧倒的に長いわけです。

リタイア後の優雅なセカンドライフもここにきて、どうやらかぎられた人々だけの話ということも見えてきました。

けれども、働かずに悠々自適に日々を過ごすことが、本当に幸福な人生なのかということ、それはまた別問題です。

空海のいう「生のはじめに暗く、生の終わりに冥し」という言葉も、人は真の幸福というものがわからない「無明《むみょう》」であると、私はそういうことだと解釈しています。

一部上場企業に40年勤め上げた部長さんが、退職金を手にして老後はクルーズ船で世界一周するとします。でもその旅行はたかだか１００日かそこらで終わります。

もし定年後に描いていた夢がその程度のものであったとしたら、後に待っているのは何十年も続くかもしれない退屈な日常です。

逆に考えて、クルーズ船の旅が死ぬまで何十年も続くとしたらどうでしょう。それは、じつに退屈な人生です。私はご免です。やはり１００日くらいで終わるから、素晴らしい思い出になるのだと思います。

そう考えると問題は「日常をどう生きるか」ということに絞られます。

昭和から平成の初期あたりまで、自分の職業と「好きなこと」「得意なこと」を結びつけようとする意識は、現在より希薄だったような気がします。

そんなことより日本社会が豊かになっていく中で、とにかく年収やステイタス、ライフスタイルの充実に価値があったのではないでしょうか。その後のバブル崩壊、失われた何十年といったあたりから、大災害の時代、そして今回のコロナといった時代に入り、楽観的かもしれませんが人々は幸福というものの本質に気づきはじめているようにも思います。

暗い時代になると幸福の本質に近づけるというのは、人間社会の皮肉な現実かもしれません。漠然とした不安に覆われ、分断や格差といったものがはっきりしてくると、そうした制約の中で、自己というものに向き合わざるを得なくなります。

逆にそういう時代だからこそ、自分というものをしっかり見つめて、少しでも自分の居心地のいい場所を確保し、得意なものを生かし、好きなことを死ぬまで続けていくことを考えたほうが愉快なのではないでしょうか。

それが、これからの時代を生き残っていくうえで、よりいっそう大切な心得という気がします。

年金収入だけではとても生活できないとしても、自分が一定の役割を得て生きていける、それで誰かに喜んでもらえる、感謝してもらえる。つくづく人間の幸福というものは、誰かとの関係性にあるということが見えてきます。

働くということは、そういうことだと思います。

「死ぬまで働く」ということをネガティブに捉えるのではなく、「死ぬまで誰かとの関係性を維持していく」という風に置き換えると、ポジティブな気持ちになるのではないでしょうか。

㉒「どんな役職か」よりも「なにをするか」

「駕籠《かご》に乗る人、担ぐ人、そのまた草鞋《わらじ》を作る人」

そんな言葉があります。

駕籠に乗るお客さんがいるから、駕籠を担ぐ人の仕事や、その担ぎ手が履く草鞋を作る人の仕事も成り立つというお話です。その言葉通り、人はそれぞれの立場での役割があり、それによって世の中もうまく回っている。

会社組織でみれば、同期入社したとしても出世のスピードは人によって違いますし、上司や同僚、配属先との相性や属していた派閥が失墜するなどの運不運といったさまざまな要素が絡まりあい、個人の能力や才覚ではどうにもならない事態も起こります。

そんなときに焦ったり、嫉妬や羨望といったネガティブな思いを高めたりしても、そうした負のエネルギーは得てしてして余計に事態を悪くしてしまいます。

また「禍福は糾《あざな》える縄の如し」という言葉もあります。人の幸不幸は、あざなえる縄のように入れ替わり立ち替わり到来するものだというのですから、先に出世したからといって、人生の勝ち負けが決まるわけではないのです。

新卒採用で入った同期の中でも、何年か勤めるうちに必ず出世コースに乗る人と外れていく人が出てきます。そのヒエラルキーの頂点が社長だったとしても、そこに至るまでに脱落していく人のほうが圧倒的に多いわけです。

もちろん「社長になった人以外は全員負け」という発想自体が間違いです。組織で働く人間にとって、もっとも大切なことは「どんな役職に就くか」よりも「どんな仕事をするか」です。実際、私の知るかぎり、はじめから社長になることを目的としている人は社長にはなれません。

『課長　島耕作』で描きましたが、島耕作が慕う中沢氏は36人抜きで社長に抜擢されますが、社長になることなど夢にも思っていませんでした。どの社内派閥にも属さず、組織の人間として会社の利益に寄与すべく自分の職務を遂行してきた人間です。

ほかの重役やその部下たちが社内政治ばかりに目を向ける中、中沢は組織で働く人間の本分に生きてきた人です。まさに「どんな仕事をするか」を最優先してきたわけです。島耕作も同じタイプの人間です。賢明なトップはそれを見極めて中沢を次期社長に指名したわけです。

それはたとえば大学入試でも同じかもしれません。どこの大学に入るかよりも、なにを学ぶかという目的を持つほうが、モチベーションが高まると同時に合格の可能性も高まるということと同じです。

合格だけを目的に設定してしまうと、もしどうにか合格できたとしても喜びは一瞬で終わり、その人はある種の入試ロス状態になってしまいます。そして、有名大学の学生であるというアイデンティティーだけで満足しているとしたら、人間的な魅力も感じられない人物になるでしょう。

会社組織も同様です。肩書きや地位というものは、「立場は人を作る」という言葉もある通り、たしかにその人に仕事への自信や誇りをもたらしてくれます。しかし一方、それが目的になってしまっている人は、そこで終わってしまうのです。

部長になったらこんなことを実行したい、という準備ができていないため、部長であること自体が徐々にストレスになってくるのです。そして業績や実績が上がらないと、心身にも影響が出て、自滅してしまうケースも多くなってしまいます。

組織社会でもなんでも、タフに見える人というのは、自分の立場や地位に満足している人ではなく、仕事そのものに満足したいと思っている人ではないでしょうか。立場や地位というのは、その仕事を実行しやすくするための手段くらいに考えられれば本物だと思います。地に足がついているということでしょう。

日本社会では従来、勤続何十年というようにひとつの会社で勤め上げることが善とされていました。確かにいい面もあったかと思いますが、現代はそうした考え方は成り立ちません。これからの社会では、必然的に自己のスキルやネットワークといった自己資本が勝負になってきます。

結局、その人がふだんからどんな生き方をして、どんな人と会い、吸収し勉強しているか、ということが分かれ道になるわけです。『釣りバカ日誌』ではありませんが、趣味でもなんでも、一芸に通じるというのもいいでしょう。

ひとつの企業に属しているとき、これこそが正解というものはないと思うのです。10

人の人間がいれば10の選択、10の正解があるのではないでしょうか。社長になって成功した人はそれが正解でしょうし、出世コースから外れても、余暇や家族を大事にしながら定年退職まで勤め上げた人はそれなりに幸せな老後を生きるかもしれません。

あるいは希望の持てない会社や尊敬できない上司に見切りをつけ、さっさと転職してキャリアアップし、自己実現していく人もいるでしょう。考えてみれば人生というのは、小さな選択の連続です。日々の仕事におけるひとつひとつの判断や選択が、その人の将来を決めていくわけです。そして時折、人生を決定づけるような、大きな判断を迫られるときもあります。

しかし過去に決めた選択が正解だったか誤りだったかを、現在の状態で判断してはいけないように思います。

選択が正しいかどうか、その答えはその人が人生を終えたとき、初めて見えてきます。結局、日々をどのように生きていくか、そのプロセスを大事にしていくことにこそ、人生の醍醐味があるのではないでしょうか。

㉓「生業《なりわい》」へのプライドと責任

以前買い物に行ったビルの地下駐車場で、とても気持ちのいい体験をしたことがあります。そこの係員はゲートの所でひっきりなしに入ってくるクルマの運転者に挨拶をした後で、どれくらいの滞在時間かを尋ねてきます。

私の順番になって、「1時間ほど」と短時間であることを告げると、即座に駐車場にいる別のスタッフとアイコンタクトをし、どこそこの何列目にどうぞ、とすぐに出庫しやすい場所に案内してくれるのです。

そして、てきぱきと誘導する手際のよさ、姿勢、お辞儀といった所作のすべてが美しく非常に心地いいわけです。見ているだけで感動します。よく見ると、どこかの会社を定年退職したような、結構な年齢にも見える。でも雰囲気があって、それなりの経験や役職にも就いていた方ではないかと想像されます。ひょっとすると一流ホテルなどで、接客業をやっていたのではないかと思うほどです。

気になってその駐車場のことを後で調べたら、駐車場自体が口コミ評価でかなりの点数でした。会社がしっかりと人材を選び、トレーニングしているのだと思います。スタッフが生き生きとして、誇りを持って仕事をしている感じが伝わってくるのです。

地下の駐車場に誰もが極上のサービスを期待しているわけではありません。ですから、そんな体験をすると、ある種の感動さえ覚えてしまいます。

「プロフェッショナルとか一流というのはなんだろう」

そう考えずにはいられませんでした。

「自分の仕事に対してどのような感情を抱きながら臨むか」

結局、仕事における一流と二流、三流の違いは、そこに尽きるような気がします。

たとえば一見どんな些細な仕事であっても、自分の目の前にある仕事に対して、誠実に一生懸命に臨むという姿勢があるかどうかだと思うのです。その結果として、自分の職業そのものにも誇りが持て、胸を張って自分の職業を人にいえるようになるのではないでしょうか。

仕事というのはすべて誰かの役に立っているものであり、誰かを喜ばせたり、感動させたり、安心させたりするものだと思います。そして、対価として妥当と思える金銭が支払われます。

原始時代ならそれは物々交換だったわけです。山の民と海の民が出会い、山の民はウサギ1匹を持っているが、食べたいのは魚、一方海の民は魚3匹を持っているがやはりウサギの肉を欲しがっている。それを交換し合えば、お互いにハッピーです。

つまり、経済活動というのは本来損をする人がいない、幸福論で成り立っていたはずです。近江商人の「三方良し《さんぽうよ》」の精神、「売り手良し」「買い手良し」「世間良し」です。自分の仕事、自分の働き方に誇りをもって臨み、その結果、他人に喜んでもらえることが人として幸福なことだと思います。

経営者をはじめ、上に立つ人の姿勢も問われます。自分たちを支える人に対する責任を自覚し、支える人が安心して働ける環境を用意しなければなりません。

ところが現代のような複雑化した社会では、人を喜ばせていないのに富が流入してくるような現象が至る所で現れます。また犯罪まがいのことで金銭を手にする人もたくさんいます。

人を喜ばせたり感謝されたりしていないのに富が入るということは、誰かが損をして悔しがっているということです。ビジネスにもいろいろな面がありますが、そんな風にして成り立っているビジネスの当事者であることは、あまり愉快なことではありません。

世界最大の投資持株会社であるバークシャー・ハサウェイの筆頭株主であるウォーレン・バフェットは、多額の富を寄付したり、社会にとって有益な企業を応援したりという形で還元しています。彼はこういっています。

「あなたが何かを与えなければおそらく、あなたには何も与えられないだろう」

「私の知り合いの中で望みの愛を手に入れた人は、誰もが自分を成功者だと思っている。誰にも愛されずに満足感を得られる成功者など、私は想像することができない」

人間が幸福になるかどうかを決めるのは、自分の生業によって、自分と多くの他人がともに幸福になれるかどうかです。お金や地位ではありません。冒頭で紹介した駐車場の係員は幸福を手に入れた人なのだと感じます。

24

「二期作」か「二毛作」か

サラリーマンの定年後のセカンドステージを考えるとき、私はこう考えます。

「二期作を目指すか、二毛作を目指すか」

二期作、二毛作はともに農業に関する言葉ですが、ご存じのように、二期作とは一年間に同じ耕作地で2回同じ作物を栽培することです。主に米作りですが、地域によっては、トウモロコシやジャガイモなども二期作が可能なようです。二毛作とは一年間に同じ耕作地で2回種類の違う作物を栽培することです。

つまり、サラリーマンなら、定年後、自分のキャリアの延長線上でそれを活かした仕事をするのが二期作といえそうです。公務員を定年退職して、その役所の外郭団体や関係の深い第三セクターの企業に就職するのは、典型的な二期作型といっていいでしょう。

会社の定年後、その会社の子会社に再就職といったケースは数多くありますが、これも二期作型です。

一方、自分のキャリアとは関係のない仕事をするのが二毛作です。

商社マンをリタイアして、手打ちそば店を開業したり、教師からバーの経営者になったりするのは二毛作でしょう。週刊誌の連載で私がお世話になった女性編集者は、ある大手新聞社を辞め、カジノのディーラーの道を歩みはじめています。ほかにも、私のまわりには、この二毛作型のセカンドステージを歩む人が少なくありません。

私自身は、３年３カ月とはいえ家電メーカーでサラリーマンとして働き、その後、前職とはおよそ無関係なフリーの漫画家になったわけですから、まぎれもなく二毛作型です。

堀田《ほった》力《つとむ》さんも二毛作型です。

ご存じの方も多いでしょうが、東京地方検察庁の特別捜査部の検事としてロッキード事件を担当された方です。堀田さんは、定年退職後、弁護士として活躍するとともに、福祉活動家として活躍され、その後「さわやか福祉財団」を設立されました。早くから介護制度の必要性を訴えておられました。

二期作型であれ、二毛作型であれ、セカンドステージをいろいろな意味で充実させるためには、それをはじめる前の準備が大切です。踏み出す前の、いわば助走期間の過ごし方がセカンドステージを実り豊かなものにできるかどうかを決めます。

まず、二期作型ですが、いかにキャリアの延長線上にあるからといって、「昔の名前で出ています」といった姿勢では、うまくいきません。会社や組織が変われば、人間関係、仕事の内容、仕事の進め方などが違ってきます。腰掛けだからという姿勢では「招かれざる人」になりかねません。

セカンドステージの働き場所が決まった時点での助走期間中に、その働き場所の情報をインプットして、自分がどう働くかをシミュレーションしておくべきです。

公務員の天下り転職ではよく見られるようですが、組織の利益にまったく寄与しないどころか、存在そのものがマイナスというケースもあると聞きます。本人にとっては、2、3年給料をもらい、さらに二度目の退職金を受け取って、「ハイ、終わり」ですむかもしれませんが、まわりの人間にとっては迷惑以外のなにものでもありません。

「お金をもらえれば、それでいい」では、悲しすぎます。やはり、新たな環境で生き方をリセットしてまわりからも信頼され、慕われる存在であるべきでしょう。

二毛作型の場合、この助走期間はさらに重要です。基本的にこれまでのキャリアが役に立たないからです。

もちろん、自ら望んだ二毛作型ですから、助走期間中に自分の進む領域の情報を調べたり、レッスンを受けたり、学校で学んだりするでしょう。言わずもがなですが、中高年が思いつきや衝動で選んではいけない道です。

いずれにせよ、その働く場で求められるのは、まわりに対して自分の過去をいったんは封印することなのではないでしょうか。

「私は一年生です」そんな姿勢でいれば、どんな世界であれ「上級生」がいろいろと力になってくれるのではないでしょうか。愉快なセカンドステージを築くための鉄則です。

25 リスタートを成功させる「助走」の方法

セカンドステージでの働き方を二期作型にするか二毛作型にするかは、人それぞれでしょうが、共通することがあります。成功するか失敗するかは、準備の巧拙次第だということです。

二毛作型の場合、これまで自分が働いてきた世界と無縁の世界で再スタートを切るわけですから、とくに入念な準備が必要です。定年退職であれ、早期退職、あるいはフリーランスからのチャレンジであれ、双六《すごろく》にたとえれば「振り出しに戻る」のリスタートです。衝動的なチャレンジは危険です。

また、すでに人生の後半期にいるわけですから、回復不能な失敗をするわけにはいきませんが、この二毛作型は、二期作型の何倍もリスクがあると心得ておいたほうがいいでしょう。

新しい領域でプロとして十分に通用するレベルのスキルを、もともと備えている人は別でしょうが、そうでない人は入念な準備が欠かせません。ちょっと腕に覚えがある程度では、成功はおぼつかないでしょう。プロとアマの差がとてつもなく大きいということは、どんな領域でも同じです。

前の項でも紹介しましたが、私の知るかぎり、この二毛作型のセカンドステージで成功を収めた人たちは準備を怠りませんでした。サラリーマンであれ、フリーランスであれ、準備期間中は本業の傍ら、チャレンジする領域のリサーチ、基礎的知識の習得、実地研修などを入念に行ったうえで、スタートを切っています。予備校的なスクールに通ったり、師匠のような人に指導を仰いだりした人もいます。

また、心がけも違います。

それぞれ、これまで生きてきた領域でも、それなりに実績を残した人たちですが、リスタートに際しては「一年生」の気持ちを忘れなかったように思います。それはチャレンジが軌道に乗った後、彼らの言葉の端々から伝わってきました。

何度もいうように、私自身、二毛作型ともいえるサラリーマンからフリーの漫画家への転身は、幸運にもスムーズでしたが、「一年生」の気持ちは彼らと同様でした。

二毛作型のセカンドステージは、陸上競技にたとえれば「走り幅跳び」に似ているように私には思えます。走り幅跳びは助走の巧拙が結果のすべてを左右するといってもいい競技です。理想的な踏み切り、跳躍の高さ、フォームをイメージしながら、助走をはじめて、踏み切る瞬間にトップスピードにもっていきます。

どれだけ距離を伸ばせるか、その大部分を助走の良し悪しが決めてしまいます。助走がうまくいかなければ、踏み切りもうまくいきませんし、距離を伸ばそうと跳躍中にフォームの修正を試みても、その効果はかぎられています。最悪の場合、「ファウル」で終わってしまいます。

走り幅跳びは、公式ルールでは最高6回まで跳べますが、セカンドステージでのチャレンジの回数は1回か2回です。助走期間がいかに重要かはいわずもがなでしょう。

一方、二期作型のセカンドステージは、「立ち幅跳び」に似ているといっていいかもしれません。なぜなら、助走はまったくせずに、もともと自分に備わった体力、運動能力だけで踏み切る競技だからです。

二期作型は、基本的には定年後すぐに再就職ですから、いってみれば助走なし、あるいはわずかな助走で本番を迎えなければなりません。これまで培ってきた自分のスキルが成功を大きく左右します。

しかし、そればかりではありません。同じ領域といっても、働きなれた「ホーム」ではなく、「アウェイ」でのリスタートです。環境も文化も人間関係もまったく異なるグラウンドです。失敗する可能性も十分にあるのです。では、失敗を回避するためにはどうすればいいか。

まず、過信は禁物です。「アウェイ」の重圧を甘く見てはいけません。自分のスキルを発揮するためには、こちらも準備が必要です。自分が生きる「アウェイ」の地が決まったら、そのリサーチ、基礎的知識の習得を心がけることです。それが二期作型の助走期間です。二毛作型同様、二期作型でも、可能なかぎり助走期間を設定すべきです。

鳴り物入りで日本球界入りしたものの、評判倒れで終わってしまうメジャーリーガーのようにならないよう、「助走期間＝準備」を大切にしたいものです。

㉖ セカンドステージで「給料泥棒」にならないために

「天下りでも、可愛げのある人っているんですね」

ある第三セクターの会社で働く知人女性がしみじみとそんな言葉を口にしました。ご存じの通り、第三セクターとは、第一セクターと呼ばれる国や地方自治体などが運営する企業体と、第二セクターと呼ばれる私企業が合同で出資、経営する企業体です。ほとんどの場合、会社のトップは国や地方自治体の出身者です。たとえば、県の部長クラスを務め、定年を迎えた人が横滑りする形でその地位に納まります。

そのトップは、2年から3年務めた後、また別の第三セクターや財団法人などに転じて、似たような待遇でまた2、3年それなりの役職に就くわけです。

そんな人たちの中には「腰かけ気分」の人もいて、生え抜きの人たちにしてみれば、釈然としない思いもあるようです。

知人女性はまさに生え抜きでこれまで何人かの「腰かけ社長」を見てきたのですが、最近、就任した社長はこれまでのタイプと違っていたようです。

従業員100人ほどの組織ですが、3週間ほどでほとんどの従業員の名前を覚えたそうです。そして、社員を呼ぶときはすべて「さん付け」、口癖は「ちょっと教えてくれませんか」。「威張らない」「見下さない」「知ったかぶりをしない」だけではなく、生え抜き社員が驚いてしまうほど会社の現状を把握しています。

さらになにか問題が発生した場合でも、これまで培ってきた経験を生かし、部下に的確な指示を出します。だからといって、すべてを部下に任せるわけではなく、ケース次第では自ら対応に乗り出すのだそうです。

「戦国ドラマでよくあるじゃないですか。陣を張って軍配《ぐんばい》を振るうけど、イザとなったら自分が先頭に立って戦う殿様。あんな感じなんです。だから、私たちもがんばれるんですよね」

そんな天下り社長ですが「成功は部下の手柄」、「失敗は自分の責任」という姿勢が一貫していて、社員からの信頼も厚い。彼女にいわせると「できる社長」であり「可愛げのある社長」なのだそうです。

私の『島耕作』シリーズにも登場しますし、霞が関の高級官僚にもいるようですが、この社長は「手柄は自分、失敗は部下」というタイプとは真逆のようです。

私はこのエピソードの中に、定年退職後のセカンドステージにおける生き方のお手本があると感じます。

①これまで培ってきた経験や身につけてきたスキルに十分な価値がある
②人格、人柄が周囲から慕われる

これがセカンドステージを愉快にするための条件だと思うのです。

「公務員はいいよな。次の仕事が用意されているから」
「子会社のお偉いさんになれるのは、ズルい」

世の中にはそんな不満を口にする人がいます。すべてが間違っているとは思いませんが、私はそうした意見に全面的に同意するわけにはいきません。なぜなら、恵まれたセカンドステージを得る人は、そのためにファーストステージでがんばってきた人だからです。

たしかに公務員は恵まれている側面があるでしょう。しかし、彼らは一生懸命に勉強し、試験に合格して公務員になったわけです。また公務員は民間企業とは違い、真面目に働いていれば職を失うことはないものの、給料そのものはトップクラスというわけではありません。安定してはいますが、民間企業に就職した同じ世代に比べて劣るケースも少なくありません。

年金や退職金が高いレベルであることは、それは若いころから蓄積してきた分を「後払い」してもらっているとも考えられます。それに公務員ならではの苦労もあります。「公務員はいいよな」は、キャリアの後半期や定年後だけを見ての感想なのではないでしょうか。昨今、アンフェアと感じるケースがあることは事実ですが……。

また、民間企業を定年退職して子会社の役員になるケースも同様です。基本的にはこちらも、若いころからがんばってきたからこその結果です。

私自身は、そのどちらも選ばず、もっとも先の読めないフリーの漫画家の道を選びました。

もし現在のような境遇を得られなかったとしても、公務員やサラリーマンの生活をうらやむようなことはなかったと思います。なぜなら、自分の意志でリスクを取り選択した道なわけですから……。

ただ、天下りにせよ、子会社への転身にせよ、ここで挙げた①②の要素を持っていることが重要でしょう。そうでなければ「給料泥棒」と陰口を叩かれることを覚悟しなければなりません。

それは経済的には恵まれてはいても、愉快な老春時代とはいえないはずです。

「墓場で一番の金持ちになることは私には重要ではない。夜寝るとき、素晴らしいことをしたと思えること。それが重要だ」

聞きかじりですが、アップルの創業者スティーヴ・ジョブズはそんな言葉を残しているそうです。

27 「求められるスキル」があるか

私の知り合いで、資格マニアとでも呼べる人がいました。若いころからさまざまな資格を取り、その認定状や資格パスポートを大事にしていました。でも、なんでそんなに資格を取りたかったのかと聞いてみたら、自分に自信が持てなかったからだというのでびっくりしました。

むずかしい資格試験にいくつも合格しているくらいですから、頭もいいし、身長も高くて人相風体もりっぱです。とても自分に自信が持てないような人には見えなかったのです。

その人は若いころ、何度か転職はしたようですが、最終的にＩＴ系企業でＳＥ（システムエンジニア）をやっていました。ただ人とのつきあいはあまり得意ではないようで、コツコツと資格試験のための勉強をしているほうが好きだということでした。

人見知りもするし、自分に自信が持てず、若いころは苦労したようですが、徐々に資格の数が増えていき、キャリアシートにも書き込めるようになると、次第に自信が持てるようになったそうです。そうすると不思議なもので、やっと自分のやりたい方向の会社に就職できたのでした。

「立場が人をつくる」という言葉がありますが、「自信が人をつくる」という面も間違いなくあります。この知人は自己肯定感が低かった時期は、何をやってもうまくいかないという体験をしています。でも、資格試験に合格するという成功体験を重ね、少しずつ本人の自信につながっていくに従い、就職や人づきあいといったことまでうまくいくようになったのです。

昔は自分自身に仕事のスキルがあるかどうかということより、会社組織での人間関係やつきあい方が大事という時代があったように思います。しかし、これからはそんなことばかりに血道《ちみち》をあげる人は評価されないでしょう。

ひとつの会社に帰属して安心している人、社内の人間関係だけでうまくやっていこうと考えているような人は、会社の業績や事業が不振になると、あっという間に自分の地位、居場所を失います。そして、改めて自分がなにも持っていないと気づき、愕然《がくぜん》とするのです。

ハローワークで定年退職後に職探しをする際「あなたはどんなことができますか？」と聞かれ、「部長職です」と答えた人がいるという笑い話もあります。肩書やプライドばかり気にしていると、転職しても苦労してしまいます。これは上場企業の管理職をやって定年退職した人が、セカンドライフで趣味や地域のサークルなどに入ると、気位《きぐらい》ばかり高くて周囲から嫌われてしまうというようなケースと同様です。

そもそも肩書やブランドばかり気にしてしまうのは、自分の存在や仕事に自信がないことの裏返しにすぎません。

高度経済成長期のように右肩上がりだった時代は、それでもなんとか生き残っていけたかもしれません。しかし、これからの時代、そういう人の居場所はなくなります。また上司の顔色や派閥、人事の動向などにビクビクする、あるいはおもねるだけの人物には、会社も見切りをつけます。

逆に独自のスキルやネットワークを持っている人なら、くだらない上司や会社に対し、こちらから見切りをつけてもいいわけです。むしろ自分の価値を正当に評価してくれるところがあれば、定年前であっても、どんどん転職してキャリアアップしていくべきです。

いざ決断してみれば、「なんだ、こんなことだったのか」と不思議なくらいスムーズに物事が動き出します。かりにそうした選択が多少失敗に思えたとしても、そこで得た生身の学習は貴重です。

さまざまな新しい出会いを大事にして生きていれば、ネットワークも広がり、スキルが正当に評価される機会が自然に訪れるはずです。仕事の関係性というのはギブ&テイクであり、人対人です。一方的に自分が得をするのではなく、相手にもきちんと喜んでもらえる関係というのを大事にしていれば、お金も回って、また自分のもとに戻ってくるのではないでしょうか。

自分のスキルを磨きながら、相手を喜ばせる、幸せにすることを心がけていれば、セカンドステージにおいても、道は必ず開けてくるはずです。老春時代の条件といってもいいでしょう。

28 「好きな仕事がない」は本当か

若いころは「好きなことを仕事にしたい」、あるいは「好きな職業に就けたら……」と思い描いていたけれど、「自分の好きなことがわからない」まま漠然と仕事をしてきたという人がいます。

そして、仕事や環境に愚痴をこぼしながら、生きるためと割り切って日々耐え忍ぶように会社に通う。若いころならやり直しもきくのですが、50代にもなってくるとそうはいきません。酒席でも愚痴ばかり。「自分なんて、こんなものさ」と悔やんだり恨みがましいことをいい、場合によっては、酔ってからんだりするような人もいます。

そういう人は、どこに問題があるのでしょうか。

多くの場合、自分にとっての仕事がよくわからないまま、ただ収入のために仕事に就き、そこそこの仕事ぶりでやってきてしまったことが原因ではないかと思います。

そして仕事のストレスは、休日のパチンコや競馬で発散するといった感じでしょうか。しかし、それで本当に納得できていれば愚痴などこぼさないはず。しかし、このままでは嫌だと思う気持ちがどこかにあるから辛いのでしょう。

こういうタイプの人には、人生の問題点を周囲や環境のせいにする傾向があるように思います。たとえば、いまの会社で自分が出世できないのは、「三流大学出身だから」とか、「上司のAさんに嫌われているから」といったようなことです。

問題を自分以外のもののせいにすることで、少しは心がラクになれるのでしょう。自分の仕事への向き合い方を直視してしまうと、それはそのまま怠惰な自分が浮き彫りになってしまいます。

「自分には好きな仕事がない」という人も、やはり自分を直視することができません。世の中には、好きなものがない人などいないはずです。「いや、オレは本当に好きなものがないんだ」「夢中になるものが見当たらないんだ」という人がいるかもしれません。そんな人は、子どものころのことを思い出してみてください。時間を忘れるほど没頭し、愉しかった体験があったはずです。

そうした記憶を呼び覚ましてくれるものが、必ずなにかあるのではないでしょうか。たとえば趣味や息抜き、居心地のいい場所、居心地のいい人といった、愉快になれるシチュエーションが誰にでもあるはずです。

先の競馬やパチンコにしても、本当に好きなら徹底的にやってみることです。私の知り合いの編集者でも競馬好きが高じて早期退職後に独立し、自分で競馬サイトを立ち上げたり、競馬の本を出したりしている人がいます。

できない理由を探し出すのではなく、好きと思えることを徹底的に追求してみてはどうでしょうか。

人にはそれぞれ個性があり、適性というものがあります。

ある人の仕事ぶりは一見地味だけれど、とても丁寧で信頼できる。本人もそういう仕事をして、人に喜んでもらえ、感謝されることが生きがいになっている。そういうタイプの人もいます。また別の人は、失敗を恐れずに思い切ったことを大胆にやっていくのが好き、という人もいます。

もちろん、企業の側にも問題があります。最近、多様性への対応が重要視されつつあります。企業もある程度の多様性を認めるキャパシティーがなければ、生き残る確率は低くなってしまうでしょう。金太郎飴のような組織では、新しい時代に取り残されてしまいます。

話がちょっと脇に外れてしまいましたが、セカンドステージにおいて「好きな仕事がない」という人は、まず目の前の仕事にきちんと向き合い、しばし不満を封印してみてはいかがでしょうか。「カラ元気」でもいいですから、仕事を愉しむスタンスを試みることです。その先には、必ず見えてくるものがあります。

『トム・ソーヤの冒険』に出てくる、ペンキ塗りの話を思い出してください。

いたずらの罰として、おばあさんから壁のペンキ塗りをいいつけられたトムは、最初、嫌がっていましたが、あるアイデアを思いつきます。

近所の友だちが通りかかるときに、いかにも愉しそうにペンキ塗りをはじめたのです。それを見た友だちは自分にもやらせてほしいと頼んできます。トムは友だちの持っていたリンゴと交換してやらせてあげます。

それを見たほかの子たちも、自分にも塗らせてくれと頼んできます。トムはそれぞれの持っていたほしい物と交換してやらせてあげるのです。そしてついには行列ができてしまうというエピソードです。

このお話はいろいろな示唆《しさ》に富んでいます。

同じ仕事でも嫌々やるのでなく愉しんでやっていれば、新しい展開、新しい発見があるということを教えてくれます。

はじめから好きな仕事など滅多にありません。続けることで好きになるものなのです。

このことはセカンドステージの仕事選びにおいても同様です。

29 どんな社外ネットワークを持っているか

会社という組織には、その小さな世界だけを見て必死でがんばろうとする人がいます。

しかし一方で社内の評価などあまり気にせず、仕事が終わった後や休日などに、趣味の時間を持ったり、セミナーなどに通ったりして、自分磨きのための充実した時間を過ごしている人もいます。

将来、会社にとってどちらが有用な人間となる可能性が高いでしょうか。

私は、後者だろうと思います。それは、たとえば若い平社員なら、その部署の主任になった意識で仕事をする、主任なら課長の意識で、課長なら部長の意識で、部長は社長の意識でといったように、自分のおかれた地位よりも一段上の立場で仕事に臨むことの大切さと似ています。

主任になった人が、主任としての意識でしか仕事を見ていなかったとしたら、その人は課長に昇進するまで時間がかかるでしょう。

役職や立場というものは、それなりに意味があります。たとえば課長という立場は、課をまとめ上げながら、その課の生産性や収益性を最大化していくことが使命でもあります。

課長という立場のＡさんにとって、部下である主任のＢさんが課長と同じ視点で仕事をし、アイデアを出してくれたらどうでしょう。課の実績が上がり、課長であるＡさんの評価も高まります。ＡさんのＢさんへの信頼は高まります。

また、Ｂさんは課長としての立場でその課を見ていれば、どうやったらA課長の仕事がしやすくなるかということも見えてきます。

もちろんＢさんは課長としての視点で仕事をしても、主任という立場を忘れているわけではありません。あくまで課の利益や生産性を考えるだけであって、自分を課長と勘違いしているような言動や行動、手柄を誇示するといったこととは違います。

つまり、会社というのは、その立場や地位によって見えている社内の風景も違ってくるものだということです。

そうした視点から考えると、先の話に出てきた会社外の活動で生き生きとしている社員の価値も見えてきます。この人は自分の趣味やセミナーなどにおいて外部のさまざまな人間と接することで、必ず新たな刺激、新たな情報、そして新たな人脈を得ます。

会社内でも、さまざまな人と接する機会はありますが、仕事への視点、価値観、利害は共通であることがほとんどです。そうした社内のコミュニケーションだけでは、発想や思考が硬直化する傾向が生じます。

硬直化とは柔軟性がないこと。極端な言い方になりますが、それは「頭が悪い」にもなりかねません。

頭のよさというのは、教養、記憶力、読解力、頭の回転の速さなどさまざまな尺度がありー概にはいえませんが、そのひとつが「物事を抽象化して見る能力」です。

この能力を犬という生き物で考えてみましょう。

飼い犬は飼い主から決まった時間に散歩に連れていってもらい、餌《えさ》を与えられて生きていますが、犬が見えている世界はそうした世界だけです。

しかし、飼い主である人間は、たとえば、その餌を売っている場所や生産者の存在も知っていますし、犬と散歩に行く場所以外、つまり東京や日本、さらに世界、地球、銀河系というように、より広い視野や情報を持っています。それが、抽象度が高いということです。だから人間は犬よりも頭がいいということになります。

話が遠回りになりましたが、会社組織でも似たようなことがいえないでしょうか。社畜などと呼ばれ、会社内の情報や理屈だけで一喜一憂しているより、少しでも自己啓発のために趣味やサークル、セミナーなど、外の世界に目を向けることでネットワークも広がります。

それは自分の会社を相対化して見ることにもつながります。

会社もすべてがいい会社ばかりではありません。さすがに減ってきているとはいえ、いまだにブラック企業や、時代遅れな理屈でパワハラまがいのルールが横行している会社もあるでしょう。

そうしたとき、少しでも社外にネットワークを築いておくと、自分の会社の長所、短所を冷静に見つめる能力が養われます。会社の利益に寄与するのは、そうした視点に立てる社員ではないでしょうか。

自分の肩書より一段上の視野を持ちながら、外部のネットワークを築き自分を磨き、それを会社の仕事にフィードバックする。これが「できる人間」のスタイルです。

ＡＩやロボットなどが、ますます人の労働を肩代わりしてくれる時代です。

そうした時代だからこそなおさら、ＡＩやロボットでは代わりにくいスキルが貴重になってきます。

セカンドステージにおいて、ネットワークの広さは大きな武器になります。「井の中の蛙《かわず》大海を知らず」のことわざ通り、狭い世界にとどまっていては新たなシチュエーションで躍動することはできません。

30 ときには「蛮勇」を振るってみる

私は基本的にフリーランスですから、定年退職はありません。まだまだ、描きたい漫画はありますし、リクエストがあるかぎり、いろいろな仕事をやっていこうと思っています。

「人生100年時代」ですから、私のようなフリーランスの仕事をしている人間はもちろん、定年制度のある職場で働いている方々も、定年を迎えた後も、健康なら働くべきだと私は考えています。

もっとも、年金事情も不透明な昨今、好むと好まざるとにかかわらず、定年後のセカンドステージでも、ほとんどの人が働かなくてはならないのではないでしょうか。セカンドステージをどうデザインして実現していくかは、誰にとっても重要なテーマです。

かくいう私も、大学卒業後、松下電器に入社し、3年3カ月後にフリーになって、漫画家になったわけですから、厳密にいえば、目下セカンドステージ真っ最中といえます。

転職を決めた一番大きな理由はなんだったか。

「サラリーマン・弘兼憲史よりも、漫画家・弘兼憲史で生きたい」

論理とか計算とは無縁のそんな思いに突き動かされたとしかいいようがありません。

言葉を変えれば「なりたい自分」の姿がはっきりと見えたのです。

私の場合、少年のころから漫画家になりたいという夢はありましたが、サラリーマンになってからは、毎月100時間の残業は当たり前という日々でしたから、漫画を描くことはまったくありませんでした。ただ、夢をあきらめたわけではなく、根拠はないのですが、「漫画家になるなら会社員は25歳までだろうな」と感じていました。

転職するうえで幸運だったことがあります。私は宣伝関連のセクションで働いていましたから、グラフィックデザイナー、カメラマンといったフリーの人たちと接する機会がたくさんありました。

「このままでいいのだろうか」

彼らのようなクリエイティブな仕事をする人たちは、勤務時間とか残業とは無縁です。

社員である私や先輩との飲み会の席でも、仕事のことを忘れてはいない。「大変だな」と感じつつも、私には彼らの存在がなんだかまぶしく感じられたのです。

「このままだと、きっと後悔するな」

サラリーマン時代、プロの漫画家を目指して黙々と作品を描き、漫画誌に投稿するとか、漫画編集者に作品を見てもらうといった経験は私にはありませんでしたから、フリーの漫画家としてやっていける可能性など、ほぼゼロといっていいでしょう。

しかし、「なりたい自分になる」という願望の前では、可能性を冷静に計算する気持ちは皆無でした。なぜかそのときは、作品が掲載されるだろうか、食っていけるだろうか、ダメだったらほかの仕事は見つかるだろうか、といった未来への不安もありませんでした。

もちろん、「やれるんじゃないか」といった気持ちはありましたが、それはなんの根拠もないものです。ある程度の蓄えもありましたから、「しばらくは食べていけるだろう」くらいの気持ちで見切り発車したわけです。当時の日本経済は超右肩上がりの時代。給料も毎年どんどん上がっていきましたから、なんとかなるだろうという気分でした。

現在のように経済が停滞し、仕事を見つけるのも大変という時代なら、それができたかどうかはわかりません。ただ、時代がどうであれ、「なりたい自分になる」という願望は、世代を問わず誰の心にもあるはずです。

私の場合は幸運にも順調に漫画家としてのセカンドステージを歩むことができたわけですが、一般的な定年後のセカンドステージを考える場合でも、「なりたい自分になる」という目標は、愉快に生きていくうえで不可欠です。そして、その道を歩みはじめるとき最終的に必要なのは、ある種の「蛮勇」ではないかと思います。

「なりたい自分」の夢を口にしながら、ネガティブな要素だけを拾い集めて、一歩を踏み出さない人がいます。しかし、よく考えてみましょう。夢はつねに困難と一体です。困難のない道は夢とはいいません。

もちろん、定年後、あるいは中高年のセカンドステージは致命的な失敗は避けなければなりません。冷静な判断が求められるのは当然です。しかし、そのうえであえて蛮勇を振るわなければ、「なりたい自分」に近づくことはできません。

「生まれてからこのかた、飯が食えなくて困ったことは一度もなかった。だから、これからは一度や二度そうなってもいい」

大手通信会社を55歳で早期退職し、かねてより念願だった自然栽培農業でセカンドステージをスタートさせた知人がいます。彼は明るくこういいます。

「金はないけど、食うものは自分でつくれる」

蛮勇が彼に愉快な日々をもたらしたといってもいいでしょう。

第4章：人間関係

「なりたい自分」と他人との新しい関係

㉛ 人間関係では「立ち入り禁止地域」に注意

歳をとると体力が落ちるのは当然ですが、ほかにも、まわりに対する注意力が欠けてしまう傾向もあります。

たとえば、自分が電車に乗り込んできたのを見て、さりげなく座席を譲る他人、あるいはエレベーターで「開」のボタンを押し無言で「お先に」の意思を示してくる同乗者に、礼もいわず、会釈もしない。

あるいは後ろから他人が歩いてきているのに気づかずに、狭い歩道の真ん中で立ち止まり、気づいても「ごめんなさい」もいわない。私と同世代、そして上の世代の人たちのそんな振る舞いを見ているとちょっと悲しくなってきます。

こうした注意力の欠如、気働きの欠如こそが、歳をとるということなのかもしれませんが、私はなんとかそうならないようにと常日頃から注意しています。

生きていくうえで、ときに鈍感であることはいいことだとは思いますが、「無礼」や「失礼」は決して褒められたことではありません。

しかし、いま挙げたようなことは、些細なことですまされるかもしれませんが、無礼や失礼を超えて、本当に他人を傷つける言動をしてしまう人もいます。

少し前、コロナ禍で困窮する大学生について、「学校やめたら高卒になる」と述べた国会議員がいました。この発言に「高卒」への偏見だとして多くの批判が沸き起こりました。この議員は自らの過ちを認め謝罪しましたが、言い方次第で自分の意図が伝わらないばかりか、他人を不快にさせたりしてしまうということでしょう。

「悪気はなかった」

相手に対して無礼、失礼を働いてしまったとき、謝罪の言葉よりも先にそんな言葉を口にする人がいます。私はこの言葉はちょっとおかしいのではないかと感じます。

厳しい言い方になりますが、悪気というのは、それを行った人の言動の根底にどんな思いがあるかどうかではなく、言動そのものが相手に不快感を与えたかどうかで決まるものだと思います。

つまり、悪気があるかどうかを決めるのは、その言動の当事者ではなく、その言動を向けられた人なのです。

「悪気はなかった？　当たり前だろう。悪気があったら、タダじゃすまねえぞ」

「悪気はない」といわれると、必ずこう返す知人がいますが、私はいつも「なるほど」と感心してしまいます。

つまるところ、相手に「悪気」を感じさせてしまう人に共通しているのは、相手の立場に身を置いたデリカシーが欠けているということです。

人は誰でも心の中に他人から触れられたくない話題を持っています。人によってさまざまです。容貌、学歴、家族、出来事……。

そうしたことへの想像力が少しでも働けば、「悪気はなかった」とか「つもりじゃなかった」といった空しい弁解をせずにすむはずです。

そんな失敗を避けるためにつねに心しておくべきことがあります。それは、どんな親しい人間関係であっても必ず「立ち入り禁止地域」があるということを忘れないことです。それをつねに心にとどめておけば、立ち入る必要のない領域に入ることはないはずです。相手を不快にさせたり、傷つけたり、怒らせたりすることもありません。

「小学校の同窓会のカラオケでは『高校三年生』は歌わない」

そう決めている知人がいます。メンバーの中には中学校を卒業してすぐに働きだした人もいるから、というのがその理由です。学歴についての思いは人それぞれですから、たしかにあえて選ぶ必要はない曲かもしれません。

「お客さんとはプロ野球の話、政治の話、宗教の話はしない」

ご存じの方もおられるでしょうが、タクシードライバーの客応対の鉄則です。接客業一般についても同様でしょうが、そうした話はひょんなことから、険悪な空気が流れたり、客を不快にさせたりする可能性があるからでしょう。

高齢になっても人間関係の「立ち入り禁止地域」には注意したいものです。良好なつきあいを一瞬にして失ってしまうことになりかねません。あえて危ない地域に足を踏み入れずとも、愉快な話題はほかにもたくさんあるはずですから。

㉜ こんな人間関係は「離す」にかぎる

人生の終盤を「老春時代」にするためには、とにかくマイナスの感情とつきあう時間を少なくすることです。

とはいっても、「昔、あの上司にひどい目にあった」「あのとき、ああしていれば」「いま思い出しても涙が出る」といった怒り、後悔、悲観といった過去の出来事に関連したマイナスの感情はなかなか厄介です。

しばしば、ふとした瞬間に記憶が蘇って、不快な気分にさせられることがあります。人間は賢い動物ですから、時間の経過によってエピソードそのものは残っていても、マイナスの感情のほとんどは無菌化されます。しかし、しつこいマイナスの感情もあります。

そんなしつこいマイナスの感情を無菌化するためにはどうすればいいか。

方法はじつにシンプルです。とにかく、そのきっかけとなった人間、場所から遠ざかるのです。

とくに、人生の後半期を生きる私たちに残された時間はかぎられているのですから、イヤなものはイヤと割り切って、遠ざかること。心の中の「断捨離」の「断」と「捨」はすぐにはできませんが「離」はできます。

とかく善人といわれる人はつきあいがよくて、マイナスの感情を抱く人に対しても無難な対応をしがちですが、人生の後半期は悪人になったほうが間違いなく快適です。ビジネスの相手なら、そうはいかないかもしれません。しかし、プライベートの関係なら、最大限「離」を心がけるべきです。

夫婦関係についても別の項で述べましたが、「老春」のためには不快な距離感、ギクシャク感を感じさせる人間関係からは離れることです。

「離」の時間が長くなれば、やがてマイナスの感情は無菌化されて「断」「捨」状態になります。

人間の本質、性格は本人が修正しようとしても、そう簡単に修正できるものではありません。怒りっぽい人はいくつになっても怒りっぽいですし、陰口の好きな人は陰口をやめることはありません。

私が知るかぎり、酒グセ、女グセの悪い人もまたしかり、です。

また、どんなことでもマイナス面だけで考える人もいます。あるいは杞憂《きゆう》のお手本のように「そこまで心配するか」という人もいます。こうした傾向のある人の中でいわゆる「暗い人」がいますが、私のような楽天主義傾向が顕著な人間にとっては、とても厄介です。

仕事であれ、なんであれ、話をしていると、些細なことでも、悲観的な方向に話が進みます。表情も暗い。たまにつくろうように笑っても、薄い笑いですぐに元の表情に戻る。はじめのうちは、なんとか明るい話題にもっていこうとするのですが、なかなかうまくいかない。

「苦しんでいるように見えるけど、もしかすると、この人、暗い自分を愉しんでいるんじゃないか」

そう感じてしまうことさえあります。

私は、自分にとって快適ではない時間を無駄だと考えて、こういう人との面談は極力早く切り上げることにしています。

もちろん物事にはときに冷静に考えても、楽観視できない局面はたしかにあります。では悲観的に考えれば、うまく事態を打開できるかといえば、そんなことはありません。

職業柄、私は締め切りに追われる日々を送っています。

まれに本当に逼迫《ひっぱく》した状態になることがあります。しかし、そんなときこそ、私は悲観的なスタンスを排除します。「命まではとられはしない」とカラ元気を出して事態に対応します。

「1時間で1ページ上げれば、1日4時間の睡眠、2日で上がる」

追い込まれたときこそ、必要なのは楽天的スタンスとロジカルな思考なのです。悲観主義が事態をいい方向に導くことはありません。

「暗いお客さんはイヤですね」

銀座で長くクラブを経営しているママがそんなことをいっていました。その理由を尋ねるとこういいました。

「ほかのお客さんまで暗くなっちゃう。営業妨害ね」

よほどの事情がないかぎり、自分にマイナスの感情をもたらす人との関係は手から「離す」こと。老春時代を愉快に過ごすための鉄則です。

33 死ぬまでつきあえる人間を3人持つ

厚生労働省より発表された2019年の日本人男性の平均寿命は、81・41歳でした。60歳で定年退職したとして、人生を終えるまでそこからまだ20年余りの時間が残されているわけです。

新型コロナウイルス感染症や医療体制の問題なども考えると、これからの時代はこの数字がさらに延びていくことはむずかしいかもしれませんが、それにしてもかなりの人が結構な時間を老後として生きていく世の中です。

そうした中で、人間にとって最後まで重要となるのが、やはり人間関係の紡《つむ》ぎ方だろうと思います。とくに高齢になると、肉体的にも精神的にも少しずつ衰えていきます。そのことによって本当に自分にとって必要なものや、必要な時間、必要な人間関係といったものが、はっきりしてきます。

私はこの中でとくに、人間関係の紡ぎ方こそが必要な時間や必要なものとも結びつく要素だと思うのです。

高齢者といっても、ひとまとめにはできません。それまでの人生で結婚して子どもをもうけた人、家庭を持ったけれど離婚した人、ずっと独身だった人、というようにさまざまです。

もちろん家族を持ったから正解、独身だったから失敗という話ではありません。家族を持ったために、DVから殺人事件にまで発展してしまうような夫婦や親子もいれば、独身生活でのびのびと趣味やボランティアに生き、充実して穏やかな老後を送る人もいます。

「死ぬまでつきあう可能性が高い人間関係は？」と考えると、ほとんどの人は家族関係ということになるかもしれません。結婚して築いた家族もあれば、親や兄弟、甥、姪といったもともとの親族などもいるはずです。

大半の人がなんらかの形でこうした家族、親族との関わりを持ちながら老後も生きることになります。また一方、家族の縁は薄かったけれども、友人や知人に恵まれ、家族以上に信頼関係を築いている人もいるでしょう。

いずれにせよ、とくに都会生活を送る人々にとって、いい人間関係、つまりは自分が愉快な気分になれる人間関係を持っているかどうかは、老後の人生を大きく左右するように思います。

人間にとって「すべての悩みは、対人関係の悩みである」といったのは心理学者のアドラーですが、老後の人生というのはそうしたことがますますはっきりと浮かび上がってくる時期ではないでしょうか。

会社組織などでバリバリと仕事をしていた30代、40代は、上司や同僚、部下といった人間との間に仕事という共通の目的や利害があり、本当の意味での人間関係が見えにくい時期だったかもしれません。しかし老後の人間関係というのは、利害よりもその人のことを好きか嫌いか、一緒にいて愉しいかつまらないかといった、自分にとっての心地よさが一番重要になってきます。

人生の残り時間はかぎられています。余計な人との余計なつきあいは時間の無駄づかいといってもいいでしょう。一緒にいて愉快になれる人たちとできるだけ長い時間を過ごすことを優先すべきでしょう。

そしてその相手は、家族であれ友人であれ、見栄や体裁など一切必要とせず、お互いの弱さやみっともなさも含めて許容し合える関係であり、同時にそれを気遣い合える間柄というのが理想だと思うのです。

そうした間柄なら、死ぬまでつきあえるのではないでしょうか。

欲をいえば、そのような「死ぬまでつきあえる人間」を3人ほど持ちたいものです。それは一種の理想でもありますが、ひとりは自分の幼いころからずっと、長所も短所も知り尽くしているような幼馴染みです。そして、もうひとりは学生時代や仕事などで知り合い、苦労や喜びをともにしたような仲間です。最後に奥さんや子ども、兄弟といった親族などでしょうか。

もちろん必ずしもこういった人間関係を3人持たなければいけないということではなく、ひとりであっても3人の要素をあわせ持つ関係というのもあるでしょう。あくまで理想です。

このような人たちと自分の精神や肉体が衰えていく中でも、労《いた》わり合い、支え合っていけるような関係性が望ましいと思います。

それは逆に相手が弱ったり衰えてしまったりしたときに、無条件で支えてあげたいと思えるような関係でもあります。

実際にそういう関係を築くためには、若いころからの生き方が大事であることはいうまでもありません。70歳近くなって体が弱くなった途端、急に心細くなり、周囲にそういう関係を求めるのは、身勝手というものです。

しかし手遅れということではありません。

「過ちを改めざる、これを過ちという」

この論語の言葉ではありませんが、もし自分に周囲の誰かを思いやる気持ちが欠けていると感じたら、たとえ高齢者であっても改める柔軟性を持つことです。

お互いが機嫌よくなれて、愉快な話に花が咲く。そんな人間関係は老春時代の「必需品」です。

34 チャレンジの目的は成功ではない

「その歳で、なんてパワフルなんだ」

そう感心してしまう人がいます。

たとえば、江戸時代、文化・芸術の分野で赫々《かっかく》たる業績を残した葛飾北斎《かつしかほくさい》、貝原益軒《かいばらえきけん》、伊能忠敬《いのうただたか》の3人はその代表格かもしれません。その名前は広く知られていますが、この「三賢人」に共通しているのは、驚くほど長生きをしたことです。「健康長寿」のお手本です。

北斎が亡くなったのは、ナント88歳。平均寿命が50歳以下の江戸時代です。現代風に表現すれば「チョー長寿」です。貝原益軒は83歳、伊能忠敬は73歳ですから、北斎にはかないませんが、それでも稀有《けう》な長寿ぶりです。

3人に共通しているのは高齢になってからも精力的に仕事を続けたことです。

北斎の代表作といえば『富嶽三十六景』ですが、なかでも代表的な『神奈川沖浪裏《かながわおきなみうら》』は73歳のときの作品。荒々しい波の形が特徴的で、力強いタッチはまるで年齢を感じさせません。

貝原益軒も凄いです。

黒田藩の優秀な官吏であった益軒が念願かなってリタイアしたのは、なんと70歳。藩はよほど益軒の能力を評価していたのでしょう。それから益軒は念願の執筆活動に没頭し、有名な『養生訓《ようじょうくん》』などをはじめとする２７０巻以上の書物を残しています。現代の売れっ子作家も顔負けのスピードで作品を書き続けました。

しかし、ある意味でこの両者よりももっと凄い晩年を送ったのが伊能忠敬かもしれません。

伊能家に婿入りした忠敬は、家業を大成功に導き、55歳でやっと「第二の青春」を獲得します。それはまさに勝ち得たものであって、そこからかねてからの夢だった地図作りに取りかかります。55歳で「定年」を迎え、勇躍セカンドステージに挑みはじめたのです。

その後、忠敬は日本全国を歩き回り、71歳まで測量を続けました。そして誕生したのが『大日本沿海與地全図《だいにほんえんかいよちぜんず》』、別名『伊能大図《いのうだいず》』という当時の蝦夷地も含めた日本地図で、その精密さ、測量技術の高さは後に欧州でも高く評価されたといいます。

さて、高齢になってからも人生は大きく変えられる、ということを述べようと思ったのですが、あまりにも偉大すぎる3人を紹介してしまったかもしれません。この3人は歴史に名を残した偉人ですから、特別、別格です。まさに驚異的な「老春」を築いた人たちです。

しかし、この3人のマインド、実行力のほんの少しでも真似できればとても素敵なことだとは思いませんか。齢を重ねたからといってなにもしないで、ただ「時の過ぎゆくままに」では悲しすぎます。

もしあなたがそんなタイプなら、提案です。

まず家を出ましょう。かつて作家の寺山修司は『書を捨てよ、町へ出よう』と若者にメッセージを送りましたが、壮年も老年もできるだけ外に出るべきです。歩いて、キョロキョロしているだけでも、なにかしらの発見があります。人間の脳は五感でなにかを知覚し情報をインプットすることで活性化します。

散歩も決して悪くはないのですが、どうせ外に出るなら目的を持ちたいものです。なにかチャレンジするものを見つけようではありませんか。

70歳になる私の知人はフリーライターで、家でパソコンに向かっている時間が長いのですが、忙しいときにも家にジッとしているわけにはいきません。自給自足を目指し家庭菜園をやっているからです。

といっても野菜だけですが、ほぼ自給自足を実現しています。農薬、化学肥料なしの自然栽培ですから、形が不ぞろいだったり、虫食いがあったり、ときには野菜の中から青虫が出てきたりしますが、食べてみるととても美味しいです。

野菜の世話は結構面倒なこともあるようです。ところが「自分が水をやらなければ枯れてしまう」という責任感が出てくると面倒などとはいっていられません。さらに花や実をつけたりすれば、育てる喜びも大きくなってきます。達成感も得られます。

私も若いころ家の近くに農園を借り、アシスタントと一緒に野菜作りをしましたが、気分転換はもちろん、体力の増強にもつながりました。なによりも収穫したての野菜はことのほか美味しく、料理にいっそう熱が入ったのを覚えています。

やめてしまいましたが、愉しい思い出がひとつ増えてよかったと思っています。

なにか新しいことをはじめるとき、誰でも結果や成功を期待します。けれども場合によっては、なにも達成しないまま挫折したりすることがあります。でも、考えてみましょう。生活を破綻させてしまうようなチャレンジの提案ではないのです。

冒頭の偉人たちのように、歴史に名を残そうなどとたいそうな提案をしているわけではありません。とにかく外へ出ましょう。五感を刺激しましょう。

ただ家の中にいるだけでは、あなたの「老春」の種は見つかりません。

㉟ 万事において「スケベ」でいい

葛飾北斎、貝原益軒、伊能忠敬の3人は歳をとってもますます元気だったわけですが、古今東西、「お盛ん」だった著名人も数多くいます。

もちろん、男性はいくつになっても女性への関心がなくなることはありません。現代にまで脈々と続いています。ある男性週刊誌でも「死ぬまでSEX、死ぬほどSEX」という刺激的なタイトルの企画がずいぶん続いていました。

さて、死ぬまで情熱的だった有名人として、まず名前が浮かぶのはパブロ・ピカソでしょう。

キュビズムの創始者で『ゲルニカ』『アビニヨンの娘たち』などの多くの名作を残したピカソは、もしかしたら芸術作品以上に「艶福家」としてのほうが有名かも？　と思わせるほど女性遍歴が豊富です。結婚は2回、愛人は3人と伝えられていますが、その数はもっと多かったという説も。最後の愛人との間に子どもが生まれたのは68歳のときです。

日本にも多くの〝兵《つわもの》〟がいたようですが、俳人の小林一茶もそのひとりでしょうか。江戸時代に活躍した一茶は3回結婚し、最後の結婚は64歳のときです。翌年、病気で他界しますがこのとき3番目の妻・やをは一茶の子どもを身ごもっていたそうですから、不謹慎な言い方かもしれませんが、一茶は文字通り「死ぬまでセックス」を実践したのかもしれません。

そのほかにも良寛や一休さんも70歳を過ぎてから恋愛を愉しんでいたようですから、仏に仕える身であっても性の道は大いなる関心事なのでしょう。

女性への情熱とは別に、ピカソと一茶に共通しているのは、精力的な仕事振りです。ピカソは91歳で亡くなる際《きわ》まで絵筆を握っていました。創作意欲は絵画にとどまらず、版画、彫刻、陶器など10万点を優に超える作品を残しています。まさにあふれ出るエネルギーです。

一方の一茶は病気がちだったこともあって65歳で亡くなっていますが、江戸の平均寿命からすれば十分に長寿の部類です。多作の俳人として知られており、松尾芭蕉の作品が生涯で一千句余り残っているのに対して、一茶は二万句を超えています。

女性が創作意欲の糧になっていたのか、あるいはもともと漲《みなぎ》るほど精力があったのか、真偽は不明ですが二人とも仕事にも女性にもパワフルだったのです。

さて、島耕作は会長職に就く前後くらいからセックスのシーンが減っています。作者としては、ごく普通に考えて「もうあまりしないだろうな」と思うからです。

一般的に男性の「打ち止め」は60歳くらいでしょうか。もちろん個人差がありますから、50歳半ばで〝引退〟する人もいれば80歳くらいになっても現役の人がいるはずです。個人の肉体的な能力だけではなくて周囲の環境（平たくいえばセックスをしたい相手がいるかいないか）によっても引退時期は変わってきます。

バイアグラやさまざまなサプリメントの登場によって、この時期も変わりつつあるようです。インターネットには常時、この手の広告が掲載され、最近は大手の新聞広告にも堂々と「男のパワーが甦る！」的なコピーが踊っています。

「そんなに需要があるのだろうか？」

そう感じますが、いずれにしても幾つになっても（体を壊さない程度で）セックスを愉しむことはいいことでしょう。だから、たとえ挿入までに至らずとも、セックスへの関心だけは持ち続けるべきです。擬似恋愛、擬似セックスは間違いなく若さを保つ秘訣でもあるからです。

友人、知人の中には男同士で山に登ったり、温泉に行ったりするグループがあります。年に数回、飲んで食べて温泉につかるのは格好のリフレッシュ法でしょう。でも、いつも男同士であきませんか？　と私は思ってしまいます。

そんなとき、年齢は関係なく少し気を惹かれるような女性が加わっていたら旅行はいい意味で刺激的になります。

男として、よい印象を与えたいという気持ちやオスとしての本能が頭をもたげ、グループ内にわずかな緊張感も出るかもしれません。いつも同じ顔ぶれで、同じ話をして笑い合っているより、愉しいに決まっています。

「恋愛なんて終わった」「もう色恋はどうでもいいよ」と思うようになったらそれは老化のステップを一段上がっています。

36「愛されキャラ」が気をつけていること

自分は人間関係を作るのは上手いほうだと密かに思っていたのに、セカンドステージでは環境の変化によって苦労してしまうことがあります。

たとえば現役時代、会社では人望があり、人間関係で大きなトラブルをほとんど経験しなかった人が、リタイア後、参加した趣味のサークルでは友人がなかなかできず、疎外感に苛まれる、というケースもあるようです。

私の知人もそんなひとり。学生時代、卓球の同好会に所属していた彼は退職を機に地域の卓球サークルに入ることになりました。気が進まなかったのですが「体のことも考えてね」という奥さんの声に後押しされ、重い腰を上げました。「年中、家にいられたら鬱陶《うっとう》しい」が奥さんの本音でしょうが……。

サラリーマン時代、クセの強い上司や同僚、胸襟《きょうきん》を開かない部下など、さまざまなタイプとつきあってきた彼は、そんなサークルでもメンバーとうまくつきあっていけると考えていました。

ところが、最初に彼はつまずきます。サークルのボス的な人と対戦し、熱戦の末、勝ってしまったのです。最初は「少し手加減をしよう」と自分に言い聞かせていましたが、つい本気になってしまい、その結果、目の敵《かたき》にされてしまいました。

サークルもそうですが、新しい会社や組織での人間関係をうまくやっていこうと考えるなら、はじめは「相手を立てる」ことです。もちろん、スポーツであれば堂々と勝負をするのが基本です。ところが、『課長　島耕作』にも登場しますが、どんな組織にもボス的な人が君臨し、周囲にはその子分がいます。そこで意地を通して虎の尾を踏んでしまうのは、賢明ではありません。

地域のサークルのようなところでは、少し会話を続け、雰囲気を観察すれば、そこが風通しのいい組織か、数人の人間が独善的に振る舞っている組織かわかります。そこをしっかり認識してから、自分を出すべきなのです。それを怠り、自己主張をすると、相手を不快な気持ちにして、関係を悪化させてしまうこともあります。

人間関係を円滑にするには、まず相手を「立てる」ことも忘れてはなりません。どんな人でも、「立てて」もらって気分を害することはありません。本音をちょっと脇に置いておき「立てる」だけなら、自分も損はしません。

「そんな、オベンチャラいうな」

そう怒る人もいます。しかし、お世辞であっても「立て」続ければ、ほとんどの人が「本当のオレを理解している」となります。

相手を「立てる」ためには、会話のテクニックも必要です。

大切なのは話し上手ではなく、聞き上手。間違っても「というより」とか「ていうか」「ただそれも」などの否定的な相槌は封印することです。会話上手は「なるほど」「その通りですね」「よくわかります」といった肯定的な相槌をふんだんに打ちます。共感を得られた相手はますます話しやすくなり、会話も弾みます。話し上手とは聞き上手のことをいうのです。

最近「人たらし」という言葉をよく聞きます。

たらすは漢字で「誑す」。ごんべんに「狂」ですから、本来はいい意味ではありません。「女たらし」は比較的よく使われる言葉ですが、女にだらしなく、騙《だま》したり、弄《もてあそ》んだりするイメージがあります。「人たらし」も本来は「人を騙す」という悪い意味として使われていました。ところが、いつからか「人たらし」は可愛げのある、愛されキャラに変貌しはじめたようです。

一説によると、作家の司馬《しば》遼《りょう》太郎《たろう》が太閤・豊臣秀吉を「人たらしの天才」と書いたことが最初といわれていますが、いまではすっかり「気配りのできる成功者」のようなイメージも定着しつつあります。田中角栄《たなかかくえい》元首相は「今太閤」と称されましたが、彼もまた「人たらし」といわれていました。

「人たらし」になるためには、いろいろな条件がつきますが、もっとも重要なのは「褒める」ことです。褒められて嫌な気持ちになる人はいません。

どんなシーンでも、まず相手を褒めることを心がけます。背広でもシャツでも靴でもなんでもかまいません。褒めることは、別の言い方をすれば「他人の長所を見つけること」です。セカンドステージはもちろん、新たな人間関係で他人の心を開くカギです。

37 「嫌なヤツ」から学ぶ余裕

思っていることが顔に出やすいタイプと出にくいタイプの人がいます。

一般的に、スポーツ選手、勝負事を生業にしている人は、ポーカーフェイスが求められます。わかりやすいのが、プロ野球のピッチャーでしょうか。打たれてカリカリしたり、討ち取ってニヤニヤしたりしているようでは一流とはいえません。

やや旧聞に属しますが、三冠王に三度輝き、中日ドラゴンズの監督としても実績を残した落合博満《おちあいひろみつ》氏は、かつて「最高の投手」として、涌井秀章《わくいひであき》投手の名前を挙げていました。

その印象を以前、新聞紙上でこう述べています。

「ポーカーフェイスでマウンドに立ち、一人で投げきった。ストライクをボールと判定されても顔には出さず、自分の中にしまい込んでいた。最近は喜怒哀楽を表に出す選手が多い。その中で、まだこういう選手がいたのかと、ちょっと嬉しかった」

また、私の知人の将棋ファンは同じような理由で藤井《ふじい》聡太《そうた》九段の凄さに舌を巻いています。藤井九段の凄さは数々の最年少記録が物語っていますが、先輩棋士たちのコメントで十分伝わってきます。

強さの理由には天賦の才以外に、不利な状況でも決してあきらめない負けず嫌いの性格などが指摘されていますが、知人は無類のポーカーフェイスを挙げています。

ほとんどの棋士は自分の気持ちを対戦相手に悟られないように、ポーカーフェイスを徹底させます。私は、将棋は詳しくないのですが、たまにタイトル戦の模様をテレビで見ると、ほとんどの棋士はポーカーフェイスです。

それは長年の経験で身についたものなのでしょうが、知人の指摘のように藤井七段のポーカーフェイスぶりもかなりのものです。さすがにインタビューでは切れ長の目が少し優しく見えますが、自分を見せない術はすでに身についているのでしょう。

ポーカーフェイスが必要となるのは勝負師だけではありません。

実社会においても相手に自分の感情を悟られないことが重要になってくる場合があり

ます。

たとえば、どんな会社にもイヤな上司がいます。誰かが、「牧師のいない教会はあっても、嫌われ上司のいない会社はない」と述べていましたが、正論かもしれません。では、嫌いな上司に「当たってしまった」らどうしたらいいでしょうか。高齢者のセカンドステージにおいても重要なテーマです。

ここは孫子の教えの通り、「敵を知り己を知れば百戦危うからず」が大切になってきます。つまり、相手の懐に飛び込み「この上司のどこが嫌われているのか」を論理的に考えてみることが重要なのです。

それは自分と相手との関係性を向上させるために不可欠なプロセスであり、かつまた自分の立場を安定させることにもつながります。反面教師と割り切って、部下に嫌われる上司の本質を分析し、的確な対応策を見出すのです。

そのために必要になってくるのがポーカーフェイスです。

イヤな上司は部下が自分と接するとき、相手を絶えず観察しています。もしかしたら、仕事の大半をそれに割《さ》いている上司もいるかもしれません。そんな上司に接するには自分の個人的な感情をカモフラージュすることが求められます。それを察知されたらさらなる攻撃が待ち構えているかもしれません。

ビジネスのシーンでは相手先の担当者を怒らせ「出入り禁止」の憂き目にあうことがしばしばあります。これはあるビジネス書で読んだのですが、「出禁」にされた社員が懲りずに訪問を続け、最後は相手が根負けして取引を再開できたケースが紹介されていました。さんざん怒られ、嫌味を言われた相手からこう言われたのです。

「おまえ、オレのことを怒ってないのか？　ずいぶん嫌なことといっただろう？」

しかし、そこでもポーカーフェイス。

「仕事だからいいんです。いや仕事だから気にしていません」

そう答えました。その姿勢に感服したのか、これまでのギクシャクした関係がウソのようにフレンドリーなものに変わったそうです。とかく嫌われ者は孤独です。懐いてくる人間を心の底では求めているのです。

怒りや不満の気持ちをコントロールする心の余裕が、「実」を取ることにつながっているのです。高齢者のセカンドステージでも、役立ちそうです。

38 謙虚で損をすることはない

嫌なヤツが存在するのは仕事関係だけではありません。

定年退職をして、気分は晴れ晴れ、人間関係に悩んだり、気をもんだりすることはあるまい、とタカをくくっていると思わぬシッペ返しを食らうことがあります。私の知人も退職後、地域のコミュニティーで苦い思いを経験しています。

住まいは都内の高級マンションで、住民の多くはエリートサラリーマンや高級官僚、医師、弁護士などだったそうです。管理組合の運営は管理会社に任せっきりというパターンが続いていたのですが、補修工事の中身に関して住民間で意見が分かれてきました。最初はエレベーターホールの周辺の壁の色をどうするかでもめはじめ、その後どんどん対立がエスカレート。ついには住民を二分してしまったのです。

ふたつのグループの代表格は二人とも元高級官僚で、ともに局長クラスまで務め上げたエリート。ただし、片方が3年先輩だったそうです。トラブルの原因はほんの些細なこと。後輩の口の利き方に先輩が腹を立てたのです。

「〇〇したまえ」

「なんだ、その言い方は。若造が偉そうなことというな」

若造といっても、もはや若造ではありませんが、これが端緒となり、両者の溝は修復できないほどこじれてしまいました。ちょうど、順番で役員を任されていた知人は両方の間に立たされ、思いもよらない苦労をしたそうです。

「そんなことで……」

私ははじめ信じられませんでした。しかし、考えてみると年功序列制が崩壊しつつある社会では、こういうことがしばしば起こりえます。

仕事では相手が上司や取引先の顧客であれば敬語を使うのは当然です。ビジネスマナーや社会的常識を備えている人であれば、これは自然にできます。微妙なのは、「ここは敬語を使ったほうがいいのか?」と判断がつきにくいシーンです。仕事のうえでも、こういうケースがあると思います。

「相手は見るからに年長者だけど、ウチの社がお客さま。相手に合わせるか……」

私のポリシーは「年齢やポジションに関係なく、ふだんから敬語を使う」です。どちらかといえば相手が下の立場であっても、むしろ積極的に敬語を使います。その理由は「謙虚な心」の大切さを痛感しているからです。

幸運なことに、私はこれまでにビジネス誌の対談企画で著名な経済人と数多く話す機会に恵まれました。

企業のトップは大まかに二通りに分かれます。カリスマ性に富み、周囲の人間が畏敬の念を持って接するタイプと、社員がフランクに接する仲間的なタイプです。どちらも成功している経営者はとても魅力的な人たちなのですが、共通しているのは概ね言葉遣いが謙虚だということです。

こういう方々に接すると、つくづく「実るほど頭を垂れる稲穂かな」ということわざを思い出します。「人格者」と評される最大の条件は謙虚さなのです。

その逆のケースはまさに枚挙にいとまがないといえます。ファミレスで店員さんに「水」とぶっきらぼうに言う高齢者。なかには無言でコップをドンとテーブルに置いて指差す人もいます。これに関しては、客商売をしている人の中に〝三波春夫根源説〟がまことしやかに流布《るふ》しているという話を聞いたことがあります。

かつて三波春夫が「お客さまは神様です」といったことが定着してしまい、「お客さまイコール神さま」「店員イコールしもべ」という関係ができてしまったというのです。真偽のほどはわかりませんが、そんな説が聞かれるほど「お客さまは偉い」という風潮があるのは確かでしょう。

目に余るようなクレーマーの台頭も、この意識が歪んだ形で現れているのかもしれません。とくに歳をとるほど、ここは自戒したいものです。

私はよく第二の人生のスタートを小学一年生にたとえます。

一年生はみんな対等、どんな境遇の子も平等に机を並べています。そこで協調性や連帯感を身につけて、周囲と円滑な人間関係を築こうとするのです。そのときもっとも必要なのは謙虚さ。人間、謙虚になって損をすることはありません。

第5章：挑戦

「愉快なフィナーレ」のためにチャレンジしたいこと

39 心の「?」「!」「!!」「♡」を育てる

前の項でも紹介した作家の宇野千代さんはある時期、自身が「駆け出しお千代」と呼ばれていたことを著書で述べています。人一倍、好奇心が強く、興味を持ったことは自分の目で確かめたいという気持ちから、その対象に突進することにちなんでそう呼ばれたそうです。

明治生まれの宇野さんは大正、昭和、そして平成の時代を駆け抜け、98歳で亡くなりましたが、まさに天寿を全うしました。ちなみに、彼女は山口県岩国市の出身ですが、岩国市はまさに私が生まれてから高校を卒業するまで暮らした街です。

宇野さんの生涯を紹介するにはとてもページが足りないのですが、作家としてはもちろん、ファッション雑誌を立ち上げ、着物のデザイナーとしても名を成すなど、まさに八面六臂《はちめんろっぴ》の活躍ぶりでした。「女傑」などと称されることもありますが、その勇ましい名称とは不釣合いなほどチャーミングなことは後年の写真からも伝わってきます。

自他ともに認める「恋多き女性」で最初の夫と離婚後、当時の大物作家であった尾崎士郎、北原武夫らと入籍し、それ以外にも梶井基次郎、東郷青児らとつきあうなど、恋愛相手はキラ星の如く、です。東郷青児が経験した恋のエピソードを描いた小説『色ざんげ』は発売当時（１９３５年）、大いに話題になったようです。

そんな彼女が自著『私の幸福論』（海竜社）の中で次のように述べています。

「いいですか。ここが肝心のところなのですよ。まず、好奇心のアンテナを立てること。このアンテナに引っかかったら行動すること」

天晴《あっぱ》れというしかありません。98歳まで仕事も恋も全力で疾走できた理由はここにあったのです。注目すべきは「アンテナ」の４文字です。宇野さんは同著の中でこんな言葉も残しています。

「好奇心を持っていますとね、気が向いてきますから、向こうから呼んでくれるのですね。気は気を呼ぶのです。呼び合うのです」

うーん、と私は思わず唸《うな》ってしまいましたが、「老春時代」を愉快に生きるために不可欠な好奇心のありようをじつに見事に描写しています。

ところで、好奇心とはいったいなんでしょうか。

ザックリといえば、好奇心とは、自分がなにかを知覚したときに現れる感動、疑問といった反応です。耳に入ってきた音、言葉、目に入ったモノ、風景、情報、なにかに触ったり触られたりした感触、鼻で感じたにおいなどをきっかけに、「その先」を求めて、実態をより明確にしようとする心の動きです。動物から人間に変異する瞬間といってもいいかもしれません。

しかし、その心の動きはじつに儚《はかな》く消えてしまう性質があるようです。「なんだ?」「面白そう」「美しい」「いい音色」「気持ちいい」などと反応が生じても、意識的、継続的に「その先」を求めようとしなければ、一瞬のうちにシャボン玉のように消えていきます。好奇心の芽は花を咲かせることも、実を結ぶこともなく枯れてしまうのです。なんだかもったいないことに思えてきます。

そうはいっても、人間はこうしたすべての好奇心の芽の世話をすることはできません。そんなことをしていたら、命がいくつあっても足りません。ですから、意識的に選ばなければなりません。自分にとって「その先を求めたい」が強く現れた反応をきちんと選択して、その世話をはじめればいいのです。

なんだか、抽象的な表現になってしまいましたが、日ごろ私たちは「?」「!」「!!」「♡」という心の動きにあまりにも冷淡な態度で接してはいないでしょうか。

「好奇心のアンテナを立てること。このアンテナに引っかかったら行動すること」

宇野千代さんのこの言葉は、自分の「?」「!」「!!」「♡」を大切にしない人への戒《いまし》めのようにも思えてきます。

なにもせずに放っておけば、身体的であるか、精神的であるかを問わず、人間の感度は歳をとるにつれて劣化します。逆にいえば、その感度を劣化させなければ、体も心も若いということになります。

とくに中高年は、意識的にアンテナを立て、好奇心の芽を察知したら大切に世話して育てていきましょう。きっと「老春」の花が咲き、実を結ぶはずです。

40 「学び＝遊び」という生き方もいい

「好奇心の種」は生きていれば、どこでも見つけられます。

街を歩いていても、人と会っていても、「?」「!」「!!」「♡」はつねにあります。テレビ、新聞、雑誌、本、あらゆるツールが存在します。また、現代の私たちはインターネットやスマホで多くの情報を入手できます。しかし、そこで見つけた情報＝種を育てて、花を咲かせて、実を結ぶまでのプロセスは容易ではありません。

好奇心が芽生えはじめても「その先」への進み方が見つからなければ、育てようがありません。見よう見真似の独学でも、素晴らしいことなのですが、時間的、経済的余裕のある中高年なら学校への入学という選択肢もあります。

ビビッと好奇心が向いた領域の学校で学んでみるのです。

「ゴルフの腕を上げたい」「囲碁を覚えたい」「パソコンのスキルをアップさせたい」

「社労士の資格を取るぞ」「和食を極めたい」など人それぞれでしょうが、ひとりでチャレンジするよりは、学校という縛りの中に身を置いてみるのも悪くはありません。

いまは、さまざまなカルチャースクールがありますし、挑む領域によっては通信教育という手段もあります。

自分のかつての学校生活を思い出してみてください。

その学校での勉強は本当に自分の好奇心のアンテナに引っかかった内容だったでしょうか。多くの人は「自分が入れそうな学校だから、なんとなく」という理由で学校を選んでいたのではないでしょうか。

なかには、高い目的意識と、知識、技術の習得への強い意欲で学校を選び、勤勉な学校生活を送った方もおられるでしょう。しかし、私がそうであったからいうわけではありませんが、大多数はサボること、遊ぶことを優先していたのではないでしょうか。なにしろ、入学すること、卒業することだけを目的として選んだ学校なのですから、当たり前といえば当たり前です。

しかし、ここで提案する学校入学は違います。

自分の内なる好奇心から、学ぶこと、習得することが目的で選んだ学校です。卒業証書は二の次、三の次です。けれども、こう表現することのできる選択です。

学び＝遊び

中高年になって、こういう時間を持てることはじつに愉快なことです。「勉強が愉しい」と心の底からいえるのですから……。

もちろん、資格を取得してセカンドステージでそれを生かすことが目的という方もおられるでしょうが、それにしてもかつての学校生活とは違い、授業に臨むウンザリ感はないはずです。なぜかといえば、学ぶ目的が明確だからです。

じつは、私自身、早稲田大学のエクステンションスクールというカルチャースクールで講師を務めた経験があります。母校で聴講生に授業を行うことは、少なからずプレッシャーがあったのですが、「これも経験」と思い教壇に立ちました。

そこで気づいたことは、みなさんの若々しい表情です。

私より確実に年上の方も多く見かけましたが、皆さん知識欲は旺盛で、まさに立派にアンテナが立っていました。私の授業が受講生の方の好奇心を刺激できたら、と思いましたが、どうであったかは定かではありません。ただ「学ぼう」「新しいことを吸収しよう」という思いが脳細胞を若返らせるのだということを実感しました。

カルチャーセンターでの勉強はテストもなく、ほかの人と競い合ったりしません。さらに学ぶことを通じて新しい友人や、もしかしたら異性の友人にさえも出会える可能性もあります。学校に通い、「学友」とカフェや居酒屋でコミュニケーションの時間を持てば、新しい発見や感動もあるでしょう。

通学、学校生活は結構な歩数に達することもあるでしょうから、体力もつきますし、生活習慣病予防にもいいかもしれません。

学ぶ場所を持つことは、頭にも足にもいい刺激になるのです。ちなみに、決して推奨するわけではありませんが、大学のマンモス教室で「もぐり受講」をやっている人もいるとか。

卒業証書にこだわらない、愉しく学びながら、自分をリメイクするという学校生活をはじめてみてはいかがでしょうか。「〇〇ゴルフ学校出」「△△囲碁教室出」の名刺を持ち歩いても学歴詐称は問われません。

41 「決めつけ」は人を不自由にするだけ

少し前、テレビを観ていたときのことです。番組名は忘れてしまいましたが、地方の街を訪ねる番組だったと思います。その街に住む80歳くらいの女性がインタビューに答えてこういいました。

「70過ぎてから、タバコを吸いはじめたんだけど、美味しいし、毎日が愉しくて、本当に幸せだね」

数年前に夫を亡くし、以来、ひとり暮らしをしている女性でした。タバコが体によくないなどというのは野暮《やぼ》です。70歳を過ぎてから、新しいことにチャレンジし、それが幸せの種になっていることに私はある意味で感動を覚えました。

「女がタバコなんて」「体に悪い」「何をいまさら」などと決めつけていたら、この女性は喫煙の喜びを知らずに生涯を終えることになったでしょう。

私自身、20年近く前に禁煙しました。それまでに普通の喫煙者が一生で吸う何倍もの煙を肺に入れたことは間違いありません。とはいっても、ここでのテーマは喫煙の是非にではなく、この女性のエピソードが物語るような人生の折り返し点を過ぎた人間の心の柔軟性についてです。

私は口にしませんが、世の中には「信念」という言葉が好きな中高年がいます。一般的に賞賛すべきものという文脈で語られることが多いようです。しかし、そんな人の話を聞いていると、私は単なる柔軟性の欠如、融通のなさを感じてしまうことがあります。

頑固あるいは頑迷という言葉がありますが、考え方に柔軟性を欠いてしまうと、新しい愉しみ、いい意味での自分の変化の機会を失くしてしまうことになります。そんな「決めつけ」は感心しません。

たとえば「俺はパクチーが嫌いだ」と感じていたとしましょうか。

味覚の好みですから、それ自体は非難されることではありません。しかし、それをまわりに広言していると何かの拍子に困ったことになります。

たまたま食べた料理に入っていたパクチーを美味しく感じてしまったらどうでしょう

か。いままで「嫌い」と広言していた手前、引っ込みがつかなくなってしまいます。言葉というものは不思議なもので、いったん口に出してしまうと自分を縛ってしまう力があります。「嫌い」を「好き」と言い換えるのは面倒ですから、「嫌い」のままにしてしまうことになりかねません。

せっかくの新しい発見、新しい食の愉しみを封印してしまうのはもったいないことです。「食わず嫌い」も似たようなものかもしれません。

食べ物くらいなら、前言撤回は笑ってすむことですからかまいませんが、人間に対する評価、世界観などは、あまりに決めつけが激しいと、自分の生き方を不自由にすることになってしまいます。

せっかく長寿の時代に生きているわけですから、世代を問わず、人やものごとに対する好き嫌いや判断、とりわけ「嫌い」「反対」といったネガティブな感情は口に出さないほうが、人生の自由度を保てるように思います。

とくに一度か二度会っただけで「あの人は嫌い」などと決めつけることは控えておくべきでしょう。

実際のところ、決めつけてしまうことは簡単ですし、いろいろと考える必要もありませんからラクなことかもしれません。けれども、ちょっとした会話、見た目だけでは、その人の本質はわからないのです。

また、人種、国籍、出身地、学歴、所属などで、十把一《じっぱひと》からげで好き嫌いを口にするのも控えるべきでしょう。「○○人」「○○生まれ」「○○校出」「○○社」は属性にすぎず、個人の本質とはなんら関係がありません。「○○国の政府」とか「○○社の経営方針」という括《くく》りでの評価ならともかく、属性を拠り所にレッテル張りすることは褒められたことではありません。

こうした十把一からげでものごとを判断する人が世界中にいることは否定しません。

私自身も海外で日本人だからというだけで、不快感を示され、理不尽な対応をされたこともあります。個人である私の言動が問われての対応ならまだしも、「日本人」という括りで理不尽な対応を受けることは不愉快ですし、許せません。

もし、人種、国籍、出身地、学歴、所属などで人を判断することを自分に許すなら、逆に自分がそういう扱いを受けたとしても、それに甘んじなければならないということになります。

戦争中、重傷を負った私の父が親切な中国人に助けられたエピソードを、別の項で紹介しました。もしその中国人が私の父に対して「敵である日本人だから」というスタンスをとっていたら、おそらく父は死んでいたでしょう。そうなっていたら、私はこの世に存在していません。

ちょっと話が脇道に逸れてしまいましたが、いずれにせよ、人、ものごとに対しての「決めつけ」はよくありません。結果、自分を不自由にしてしまいます。

人生100年時代です。50歳、60歳はもちろん、あなたが70歳だったとしても、あなたの人生のキャンバスの4分の1はまだ空白です。それは第二の青春のために用意された空白なのです。その空白にどんな色で何を描くは自由です。「フリーハンド」を欠いた「決めつけ」はただ自分を不自由にするだけです。

㊷「他人《ひと》が喜ぶ」を自分の喜びにする生き方

「幸福と思える感情は、どんなときに沸き起こりましたか？」

そんな質問をされたら、あなたならどういう状況を思い浮かべるでしょうか。

競馬で万馬券を当てたとき、むずかしい試験に合格したとき、会社で昇進したり、ボーナスがたくさんもらえたりしたとき、好きな女性と初めてキスしたとき……。それぞれの記憶の中で、自分が最高に幸せだったと思える瞬間が蘇るはずです。

しかし、人によっては誰かに喜ばれたり、感謝されたりしたときの思い出が蘇るという人もいるのではないでしょうか。そんな体験を一度でも味わったことがある人は、その種の幸福感がとても深く、また、何回でもその幸せを味わえることを知っている人なのでしょう。

たしかに会社で昇進したり給料が上がったりすれば嬉しいし、幸福感を感じるでしょう。しかしそうした感情は、それほど長く続きません。1週間、2週間と経つうちに、いつしか日常の中で当たり前のこととして埋もれてしまいます。そして「来年はもっと給料を上げてほしい」と思ったり、「オレより同期のアイツのほうがもっと上がったらしい」などと、余計な情報まで入ってきたりして、かえって悔しい思いをしかねません。人間の欲望というものにはかぎりがない、ということでしょう。

結局、自分の利益や欲求だけを追い、そこに幸福感を求めようとすると、幸福感を味わえるのは達成できた一瞬でしかないということがわかります。

一方で誰かに感謝され、喜ばれた体験というのは、自分の中でいつまでも心地いい記憶として留まります。しばしばそのときと同じくらい幸福な感情が蘇ってくる特性があります。風化しないのです。

実際、本来世の中の仕事というのは、多かれ少なかれ人になんらかのサービスを提供し、喜ばれたり感謝されたりする面を持つ営みだと思うのです。

私の仕事もそうです。「お金はいらない」とはいいませんが、ちょっとカッコいい言い方をすれば、私がもっとも幸福感を覚えるのは、読者から喜んでいただけたときです。

その感謝の対価として支払われるのがお金です。それが私にとって望ましい仕事のカタチですし、すべからく健全な経済活動はそうあるべきだと考えます。

ところで、あるサービスを受けて感謝をし、対価として支払う金額が予想していた以上に安かったとしましょう。つまり人々が１万円に値するサービスだと感じて１万円出す気でいるのに、お店から感謝の気持ち＝１０００円で結構ですといわれたら、９０００円分の感謝が余ってしまいます。

その９０００円が、人々を感動させ喜ばせ、笑顔にします。そしてサービスを提供してくれた人に、その気持ちを伝えたくなります。

しかし、不思議なものでサービスをした人もまた、そのお客さんが感動したり喜ぶ姿を見ることで、しっかりと９０００円分の対価をもらっているのです。その対価が幸せな感情というものなのではないでしょうか。

私はこうした感情を健全な人間の中にある、種族保存の本能のようなものであると考えます。

考えるまでもなく、母親が我が子のためなら無償でなんでもできる、自分の命も惜しくないと思えるのは、人間の本能の中にしっかりと組み込まれた感情だと思うのです。人間は損得抜きで誰かを助けたり、応援したりできる生き物です。

もちろん先に述べたように、人間には自分の欲求を満たすための我欲もしっかりあるのですから、絶対的に「利他的」だというつもりはありません。

誰かを喜ばせるためになにかをする行為が、自分の幸せになるということは、それも我欲といったら我欲かもしれません。しかし、誰かに感謝されて生じる幸福感は、単なる我欲よりもはるかに質のいい幸福感だと思います。

そんな幸福感をできるだけたくさん感じながら生きられたら、どんな人生のフィナーレが待っているでしょうか。

「自分の人生はなんと幸せだったたか」

我欲だけで生きた人には決して味わえない幸福感です。そんな幸福感を人生の後半期に、何度も味わえれば、それはじつに愉快なことです。

43 「今回の人生」にやり残したことはないか

テレビ司会者として名を馳せた大橋巨泉《おおはしきょせん》さんは、実業家として成功した一方でゴルフ、マージャン、競馬と多趣味で知られていました。本業のジャズ評論家としても健筆を振るい、自分のバンドを組んでジャズ・ボーカルまで挑戦していました。

惜しまれつつ２０１６年に鬼籍《きせき》に入られました。生前、巨泉さんは印象深い言葉を述べています。

「俺は今回の人生では、これはいい」

巨泉さんの著書の中での言葉と記憶しています。

「これ」はパソコンで、「いい」は「いらない」の意味です。

巨泉さんは好奇心が強く、新しもの好きのイメージがあったので、意外な言葉でした。てっきりウィンドウズやマッキントッシュのパソコンが評判になる以前から、パソコンの可能性に注目していると思ったからです。さらに、こう述べています。

「次回の人生でパソコンをやる。いいことはわかっているけど今回の人生ではノーだ」

晩年までメディアに出続け、ときには参議院議員になったり、その後、半年で辞任したりと多忙な人生だったために、パソコンまで手を出せなかったのかもしれません。

ところが、私の記憶が確かであれば、アメリカ人の義理の息子さん（お嬢さんのご主人）からパソコンをプレゼントされ、変心したそうです。

一度はじめたら、巨泉さんのことですから夢中になったのでしょう。

「こんな便利なものはない。パソコンやらないヤツはバカだな」

といったとかいわないとか。いかにも巨泉さんらしいエピソードですが、私が注目したのは「今回の人生」というフレーズです。ここに巨泉さんらしい、融通無碍《ゆうずうむげ》な自由さを感じるのは私だけでしょうか？

「今回の人生」には、死を恐れない気持ちとか気構えが感じられます。

「今回ダメでも次があるじゃないか」

という楽観主義的な考えです。

「次回の人生」には、キッキッの人生にはない、気持ちの余裕もあります。

「次に生まれ変わったら、こうしよう」

「生まれ変わったらもっと勉強しよう」

「がんばって努力を重ねて資格をとろう」

このように考えるベースには「次の人生」が存在しているわけです。ただし、「そんなものあるわけがない。人生、一度きり」という考えもあります。

ただ、そう言い切ってしまうと身もふたもありません。人間は死んだらそこでお終い。天国も地獄もない、と思いますが、「次回の人生」を想像すると、息苦しい現代社会も少しはラクになります。

私は人が宗教を信じたり、宗教観を持ったりすることに対しては興味があります。人はなぜ神の存在を信じ、神を崇めるのか、考えをめぐらすことがありますが、自分自身は無宗教です。とくに信心もせず、気が向いたら初詣にときたま行くくらいです。

たぶん、「拝む」とか「祈る」行為が好きではないのだと思います。かりにつきあいとか流れで手を合わせるようなことがあっても、気持ちはしっくりきません。

「宗教」とか「神さま」が遠い存在なのは、「生まれ変わり」とか「輪廻転生《りんねてんせい》」みたいな考え方が自分にフィットしないからです。仏教では霊魂の存在を認めていないし、語ってもいません。宗派によっては霊魂を否定する解釈もあります。それなのに、なぜ人は墓や位牌《いはい》の前で拝んだり祈ったりするのでしょうか。

秋川雅史《あきかわまさふみ》さんがヒットさせた『千の風になって』の歌詞の中でも、お墓の中に私はいません、といったようなフレーズがあったはずです。亡くなった人を偲ぶ、懐かしむ、という気持ちはわかります。私もそのような気持ちで自然と手を合わせますが、わざわざお墓や位牌に向かって仰々しく頭を下げ、祈るのはどこか違う感じがします。

死は誰にでも等しく訪れます。だからこそ、死を恐れる必要はありません。形式的な宗教儀式にとらわれず、死に対してフレキシブルに考えたいと私は思います。

「人生は一度きり」と思っても、「今回の人生」があるのなら「次回の人生」に思いを馳せるのも一興ではないでしょうか。

「今回の人生」を自由に生きたように思える巨泉さんは「次回」をどう生きるのでしょうか。

44 高齢者がクルマを運転するとき

「三密」での移動が制限される時代、しばらくは、クルマでの移動の機会が増えてくることは間違いないでしょう。私自身、いまでもクルマを運転する機会は多いのですが、近年、ハンドルを握るとき、忘れないようにしていることがあります。

- 視力が低下している
- 視野が狭くなっている
- 瞬時の判断力が衰えている
- 筋肉の瞬発力が衰えている
- スピードへの対応力も衰えている

別の項で筋力の低下について述べましたが、それ以外にも総合的な肉体の衰えは否めません。自分が転んだり、なにかにぶつかったりしてケガをするなら、それは仕方のないことですが、クルマを運転して事故を起こすとなると、大変です。クルマの場合、一瞬にして自分が大ケガをしたり、場合によっては命を失ったりする可能性があります。

さらに悲惨なのは、他人にケガを負わせたり、死に至らしめたりするケースです。とくにそれが自分の過失によるものであれば、その後の人生は真っ暗といっていいでしょう。

最近は、高齢ドライバーの過失による悲惨な事故がメディアで報じられます。そのいくつかは、明らかにハンドルを握ってはいけない高齢者の過失運転によるものです。被害者やその家族にしてみれば、その怒りや悲しみは想像するに余りあります。

「なぜ、運転なんかするんだ」

そんな気持ちにもなるでしょう。ましてや、その加害者が聞いたこともない「上級国民」とかで、特別の扱いを受けているのだとしたら、それは間違っています。

しかし、こうした悲劇に関連して、爆発的に「高齢者は運転をやめろ」という論調が世間をにぎわすことについて、私は少なからず違和感を覚えます。

高齢者とひとまとめにして語るのではなく、個々の事故のケースで考えるべきだと思うのです。２０１９年に東京・池袋で起きた暴走事故における「上級国民」のケースでは、明らかにハンドルを握ることを家族がやめさせるべきだったと思います。

総計的にみれば、高齢者の過失事故が突出しているわけではありません。20代、30代ドライバーの事故のほうがはるかに多いのです。

もうひとつ考えなければならないのは、都会とは違い、電車やバスの交通網が貧弱で移動手段をクルマにしか頼れない地方、とくに過疎化が進むエリアの問題です。

そうした地域において、高齢者からハンドルを奪うことは生活権を奪うことになりかねません。ある意味で命綱といってもいいかもしれません。日々の買い物、緊急の際の移動は高齢者が自ら運転しなければならないケースが多いのです。「タクシーを呼べばいい」「救急車を呼べばいい」というのは、地方を知らない都会人の言葉です。考えるべきは、地方の交通手段の改善です。

もちろん、高齢者ドライバーの過失事故は回避しなければなりません。私自身、高齢者のひとりとして心がけていることがあります。交通ルールの順守は当然ですが、冒頭で挙げた総合的な体力の衰えを冷静に把握し、自動車教習所で習ったことをもう一度おさらいして、それを実行することです。

とくに前後左右の確認が重要です。

クルマを安全に運転する際にもっとも重要なことは「自分のクルマがどういうシチュエーションにあるか」を正しく把握することです。サイドミラー、ルームミラーを瞬時に確認すること、ケースによっては肉眼でチェックする。

そのためには、教習所で教わったように大げさに首を動かして安全をチェック。そうすることによって、自分のクルマが置かれているシチュエーションがわかり、かつ、対向車、並走車、バイク、自転車、歩行者などの危険要素の存在をチェックできます。

これをきちんとやっていれば、少なくとも自分の過失による事故は防げます。若いころのような運転ではなく、肉体の衰えを受け入れ、それをフォローアップする運転を心がけることです。

45 ボランティアで上質の生き方を探る

「人を喜ばせることで得られる幸福」は、非常に良質なものだという話をしました。そして人間の中には、本来そういうものが種族保存の本能としても備わっているのではないか、ということもお伝えしました。

母親がわが子のために無償で愛を注ぎ込めることはもちろんですが、たとえば被災地に駆けつけ、ボランティアをすることで得られる喜びなども同様でしょう。人類の何万年という歴史を考えてほしいのです。

原始時代の男たちは集団で、食料を確保するため狩りに出かけました。そんなとき、たくさんの人間の空腹を満たすための獲物は、ときにマンモスのように大きな生き物だったでしょう。

人間は集団で協力し合い、狩りをしてきました。仲間が危険な目に遭えば、自分の身を危険にさらしても、助けようとします。そんな風にして助け合いながら、人間は自分たちよりもはるかに巨大な生き物でも討ち倒してきたのです。

また交流のある隣村が川の氾濫にあって壊滅してしまったとき、無事だった村からは助けに駆けつけます。そして人々は協力し合って村を建て直します。そんな風にして何万年も生きてきた人類の意識、さらにいえば遺伝子の中には、無償で人のために何かをする喜びというものが間違いなく組み込まれているはずです。

その典型のひとつともいえるのがボランティア活動です。

別の項で現代の通貨社会は、感謝＝金銭という図式で捉えられると述べました。

人は感謝と通貨がイコールであれば、納得できます。しかし、「感謝＜金銭」といったように、支払った金銭のほうが感謝の気持ちよりも高いと思えたら、損をした気持ちになるでしょう。

「感謝＜金銭」→損→不快→不幸感

こんな感情の動きになるかもしれません。一方、感謝のほうが金銭の支払い額よりも大きければどうなるでしょうか。

「感謝＞金銭」→得→快→幸福感

感情の動きはこう変わります。快の感情はまた幸福感そのものです。

無償のボランティア活動というのは、助けられた側は支払う金銭がゼロですから、基本的には相手に対して感謝しかありません。それはときに感動のレベルにまで達する感謝となります。

じつはそのとき、助けた人間は、感謝してくれる相手から非常に大切なものをもらうことになります。それは自分の使命感や役割といった存在理由が満たされる喜びであり、また自分の誇りの確認にもつながります。

そしてこれこそが人間という生き物にとっては、生きる原動力になってくるものだと思うのです。ボランティアという行為は結果的に自分の幸福感につながります。

感謝＋自尊心＋使命感＋役割＋自己肯定感→幸福感

もし、こうした幸福感を人生の後半戦で味わえたら、本当に愉快なことです。

歳をとるに従い、人間は孤独というものを実感する機会が増えます。どんなに家族や多くの友人に恵まれたとしても、人生のフィナーレが現実味を帯びはじめるとき、孤独感から逃れることは誰にもできません。

そんなとき、誰かに対して無償でなにかを提供し、そのことで提供された側と相互に快の感情が交錯するとすれば、それは幸福なことに違いありません。

我が身だけを守っていれば、人間はさらに孤独です。

ちなみに、その自我を家族、友人、地域、国、地球という風に広げて、最後は宇宙と一体となり悟りを開いた人が釈迦でしょう。

普通の人にはなかなかそこまではできないものでしょうが、家族や友人はもちろん、地域の見知らぬ人や困っている誰かに、無償で何かをできる喜びというのは、間違いなくその人の人生を豊かにしてくれるはずです。

私自身、もし仕事がなくなったら、近所の子どもたちを集めて、似顔絵教室をはじめようと密かに考えています。

それも愉快な老春時代です。

第6章：仕上げ

弘兼憲史、「後期高齢者」になりました

46 「もの忘れ」に対抗するために

昨年（２０２２年）９月で、75歳になりました。ついに私も「後期高齢者」の仲間入りです。実際にそうなってみると、「俺もそんな歳になったのかなあ」と不思議な感じもするのですが、ここからは、ひとつの「区切り」に立ってみて、思うところを述べてみたいと思います。

あえてネガティブな現実、冷厳なる事実から話を始めましょう。60代の頃を振り返ってみても、当然のことながら、自分のいろんなところに「衰え」のきていることは否めません。

まず痛感するのは、もの忘れがひどくなったことです。これは本当に、自分でも驚くほど。例えば、「さあ出かけよう」と玄関に鍵をかけて、数歩歩いたところで忘れ物に気づくわけです。「危ない、危ない」と、取りに戻ったのはいいけれど、目的のものを見つけて再び家を出ようとしたら、今度は鍵をどこに置いたのか、さっぱり思い出せない。落語のような話ですが、その結果、家の中をうろうろ探し回る羽目になります。

野暮用ならまだいいのですが、人とのアポイントや、仕事がらみの大事な用件を忘れるわけにはいきません。ところが、「今日は、三つやるべきことがあった」というのはしっかり覚えているのに、そのうちのひとつが何だったのかどうしても出てこない。そんな狂おしい事態も、けっこう頻繁に発生するようになりました。こういうのも、昔はなかったことです。

非常に困った事態ですが、「記憶力がよみがえる」などとうたうサプリメントを飲んでも、改善される保証はありません。では、どうするか？

忘れてしまうのならば、それを前提に対策を講じるしかないでしょう。私が編み出したのは、翌日やるべきことは、前の晩に紙にメモ書きして、履いていく靴の中に入れておく、という方法です。

忘れっぽくなったら、必ずメモする習慣をつけるというのは、失敗予防策の定番と言っていいでしょう。手帳に書いたり、スマホに残したり。でも、残念ながらそれだと、

「そこに書いたということ」そのものを忘れてしまうリスクがあるのです。

その点、靴を履かなければ外出はできませんから、こうしておけば、メモには必ず気がつきます。「そうそう、今日の予定は、これとこれ」と。我ながら名案で、歳を取ると、何事もこういうシンプルでアナログな対処法が有効だと感じます。鍵だってその辺に適当に置いたりせずに、「家に入ったらここ」という場所をきちんと決めておけば、ありかが分からなくなるというような「事故」は防げるはずです。

60代で、「まだ自分は、大事なことを忘れるほどボケてはいない」という思い込みを捨てる。70歳になったら、それで間違いが起こらないように、具体的な対策を講じていく——。もの忘れに関しては、そんな覚悟を持つべきだと、私は思います。

70くらいになって特に実感した「衰え」についてあとふたつ付け加えておくと、ひとつは「目の疲れ」です。これは、漫画家という職業も影響していると思いますが、私の場合はただぼやけるとか小さな字が読めないとかいうのではなく、目が本当に疲れてピントが合わず、極論すればものが見えなくなるのです。

ですから、1時間描いたら、10分間は目を休ませて元に戻す。これも、目薬を差してでも描き続けるというような無理は、もう利きません。「老朽化」したパーツを労わりながら、仕事をするしかないのです。

この歳になってもうひとつ驚くのが、急に量が食べられなくなったこと。あんなに好きで、ぺろりと平らげていたステーキに、途中で「うっ」となってしまう。肉は今でも好きなので、思う存分食べられないのは、残念で仕方ありません。

フレンチのフルコースなどを振る舞われても、もったいないことにメインディッシュの前に満腹になるし、お寿司屋さんで「お任せ」を頼んでも、アナゴまで行きつけない。野球のピッチャーにたとえれば、まだ気持ち的にはいけるのに、体がついていかずに7回で降板せざるを得ない、といったところでしょうか。

そういう衰えを自覚してあらためて悟ったのは、悔しいけれど、歳を取ったという事実を認めた上で、今度は気持ちの方を「それ相応」に近づけていくことが大事だということ。「年寄りの冷や水」に、いいことはありません。かといって、ただ我慢しようと考えたり、卑屈になったりする必要もないでしょう。心の持ち方ひとつで、「人生の最終コーナー」からの直線は楽しく、充実したものにできるはずなのです。

47 大事にしたい「親子の距離感」

本書を最初に出版してからの2年半くらいの間に、新型コロナウイルス感染症が猛威を振るい、やがて下火になり、を繰り返しました。想像もしていなかったロシアによるウクライナ侵攻などということも起こりました。

私事で恐縮ですが、個人的には、家の建て替えを決意したというのが、この間の最大のニュースです。しかも、そこに息子夫婦を迎え入れる予定なのです。

あれ？　「自分は自分、家族は家族」ではなかったのか？　さんざん「家族はひとつ」「仲がよくて当然」などというのは幻想だ、というようなことを言ってきたのに、70も半ばになって心境の変化があったのか？

いいえ、そうではありません。「迎え入れる」といっても、私は1階、息子夫婦は2階に住むいわゆる二世帯住宅にして、生活は今まで通り別々です。干渉するつもりも、されるつもりも、まったくありません。

ずっとアパート暮らしの息子たちだから、そろそろ持ち家でもいいんじゃないか。どうせなら、今の家を建て替えて住んでもらうのが効率的だ、くらいの気持ちです。私の方も、鍵のありかを忘れるような状態ですから、身内が近くにいてくれる安心感はあるのですが、「いざとなったら面倒をみてもらおう」というような、何かを期待しての「同居」ではないのです。

考えてみれば、私たち家族は見事にバラバラです。妻と長いこと別に暮らしていることはお話ししましたが、ひとつ屋根の下に暮らしていた頃からすでにバラバラで、息子や娘にしても、家から通えるにもかかわらず、下宿して学校に通っていたほど。実は私自身もそうでした。郷里の山口県岩国市で高校に通っていた時には、自宅から自転車で15分にもかかわらず、学校の寮に住んでいたのです。ですから、子どもたちの行動は、DNAなのかもしれませんが。

この「親子の距離感」も、70歳からの人生を幸せに生きる上では、大きなポイントです。広い意味での「子離れ」ができていないと、思わぬ悲劇を招くことになるかもしれません。

私が最も気をつけなくてはいけないと感じるのが、親子間の「金銭トラブル」です。例えば、私と同じように、子どもと住むための家を建てたいという人は、少なくないはず。家の新築資金を子どもにせがまれる、というのもよくあるパターンです。「お父さん、お母さんの部屋も作るから、お願いします」と。それで仲よく暮らせるのならば、ノープロブレム。

ところが、いざいっしょに暮らしてみると、想定外のことも起こります。多いのが、お嫁さんとお母さんの仲がだんだん険悪になっていき、ついには同居がままならない状況に陥ってしまう、というパターン。そうなると、老夫婦が出て行くしかなくなります。子どものために、老後の資金にと貯めていた何千万円かのお金をポンと出したばっかりに、人生の最後の最後に、路頭に迷うことになってしまうわけです。こういうのは、決してレアな話ではないと思ってください。

もちろん、親の方にも子どもに老後資金を提供するのには、覚悟が要ります。ですから、その条件が「ゆくゆくは世話してもらおう」ということだったりするわけです。しかし、将来、子どもたちに自分の望む介護をしてもらえるのかどうかは、保証の限りではありません。今のようにその前に関係が決裂してしまえば、面倒をみてもらうどころの話ではなくなります。

やはり、自分の老後には自分で責任を持つのが理想です。老後資金はしっかり手元に確保しておいて、たとえ子どもにせがまれても、許容限度を超えて渡さない。子どもに対しては、「悪いけれど、金銭面での援助はできない。その代わり、老後のことは自分たちで考えるから」という姿勢をはっきりさせるのが、ベストだと私は思います。

子どもとの同居についてもうひとつ言っておくと、孫の存在を軽視すべきではありません。「孫は、子どもよりかわいい」といいます。否定はしないのですが、それは多くの場合、「たまに遊びにくる孫」のことではないでしょうか。

子どもと同居すると、お爺ちゃん、お婆ちゃんは、たいてい孫の世話係になります。これは大変です。年端もいかない孫に何かあったら大変ですから、片時も目を離せません。子どもを育てた時からは格段に低下している体力は容赦なく削られ、精神的にも休まる時間がなくなるかもしれません。「現役時代の仕事よりも辛い」と言った人がいますが、これは本音でしょう。

孫と毎日いられるのは嬉しい、と思うかもしれませんが、少なくともこういう現実と向き合う覚悟は必要になります。

自分の家族に話を戻すと、バラバラに住みながら、決して仲たがいしているわけではありません。今でも月に一度か二度くらいは、妻や息子、娘夫婦で集まって、食事をして楽しい時間を過ごします。急ぎの用件は、ＬＩＮＥで十分。

バラバラは、「自由」と読み換えることもできるでしょう。だから、ずっと別のところにいても、今回のように人生のタイミングが合えば、「一緒に住む」という選択も「アリ」なのです。逆に無理して同居して、負のエネルギーが爆発して別れ別れになった場合、修復は困難になる可能性が高いのではないでしょうか。

誤解のないように付け加えておけば、私は「家族はバラバラであるべき」と推奨しているのではありません。ひとりでも、家族と一緒でも、当人たちが心地よければ、それでいいのです。

言いたいのは、「家族は仲よくしなければならない」というような思い込みは、呪縛そのものだということです。とらわれている場合には、そこから解き放たれることで、人生の選択肢は、大きく広がることでしょう。

48 夫婦の「別住」を実現するためには

夫婦の「別住」については、すでに詳しく書きました。ただ、そういう話をすると、「もうこんな歳だし」「相手にどう切り出したらいいか分からない」といった反応を受けることがあります。

考えようによっては、70歳は決断するのにいい機会です。元気に生きられるのは、あと10年（女性はもう少し長いかもしれませんが）。「残りの10年は、それぞれの好きなように生きようよ」と「宣言」してみたらどうでしょう。

決して喧嘩腰で「宣戦布告」するのではなく、例えば「実は、僕はひとりでいるのが好きなんだ。最後は、自由に楽しく生きたいのだけれど、どうかなあ」と提案してみる。

重要なのは、「経済的に困らせるようなことはしないから」という条件を明確にすることです。そういうことであれば、奥さんの方も「どうせ相手が先に死ぬんだし、そうすれば遺産ももらえるし、まあいいか」と、認めやすいのではないでしょうか。

いきなりそんなことを言って、「どこかに、いい相手ができたのね」と疑われる可能性も、なきにしもあらず。そこは、しっかり「そうではないこと」を説明するしかありません。この本を見せて、説得するのもいいでしょう。

ただ、ここでひとつ注意すべき点があります。心の中で「別住」を望んでいるのは、夫よりも妻の場合が多いという、これも冷厳なる事実があることです。

今のように、夫が妻に切り出す場合には、案外「渡りに船」とばかりに、すんなり受け入れてくれるかもしれません。問題は、その逆のパターンです。

私の知人に、子どもの結婚式からの帰りの車中で、奥さんから「別住」提案どころか、離婚届を差し出された人間がいます。「親の義務を果たしたのだから、あとは自由に生きましょう」と。

この夫婦の場合がそうだとは言いませんが、妻が夫のことを嫌になる典型例が、リタイア後にずっと家にいて、日がな「お茶」とか「飯」とか言いながら奥さんにべったり、というケースです。家事はやらない（できない）のに、態度だけは会社の上役のよう。

これでは、妻が辟易するのも当然です。

ところが、それを自覚できない男が、世の中には多いわけです。自覚がないから、奥さんから「自由に生きたい」などと言われたら、慌てふためくばかり。

もし、ずっと奥さんといるのが心地いいのならば、まず「自立」することが必要です。自分のことは、自分でやる。妻の行動に干渉しないのも大事です。妻が出かけようとするたびに、「どこに行くんだ?」「何時に帰ってくるんだ?」と問いただしたりするのは、最悪の行為というしかありません。

では、妻から「ひとりになりたい」「別住がいい」と宣言されたら、どうしたらいいのでしょうか? もちろん、ケースバイケースではありますが、その時は夫の「度量」が問われることになります。奥さんがそこまで言うのは、相当な覚悟の上のこと。怒ったり、縋《すが》りついたりというのが建設的な結論を導くとは、私には思えません。冷静にベターな対応を考えるべきでしょう。

ここまで、夫の立場で話してきましたが、妻が「別住」や、あるいは離婚を考える場合には、どうしてもお金がネックになります。へそくりを貯めていたとしても、もしも離婚ということになったら、法律的には夫婦の「共有財産」とされ、「財産分与」の対象です。要するに、全額を自分のものには、少なくとも法律上はできないのです。

離婚に備えるというのも変ですが、子どもが手を離れたら、パートなどをして自分の財産を形成しておけば、人生の選択肢は広がります。女性もやっぱり「自立」がキーワードだといえるでしょう。

㊾ 捨てたくないもの以外は捨てる

家の建て替えを計画した結果、私にはどうしても実行しなくてはならないことができました。家の中にある有象無象のモノを捨てる、という作業です。

『弘兼流 60歳からの手ぶら人生』（増補版・中公新書ラクレ）という本で、「『老前整理』をやっている」「捨てやすい物から捨てればいい」などと書いたのですが、個人的な「75歳の断捨離」では、あまり悠長なことは言っていられなくなりました。不要になったものをいったん他に移して、また新築の家に戻すなどということに、無駄なエネルギーやお金を使うわけにはいきません。

「不要なもの」にも、いろいろあります。例えば、家には亡くなった父や母の衣類も多くがそのまま残っています。今に比べて着物を着る機会が多かった団塊世代などの「売りたい」ニーズに対応して、近年は「バイセル」のような買い取りサービスが充実しています。母親の着物は、もしかしたらそういうルートで売れるかもしれません。しかし、父親の洋服はすべて処分するしかないでしょう。一着ずつ見ていたら躊躇が生まれるので、一気にポンと捨てるつもりです。

その他、海外旅行で買ってきた置物なんていうのも、全部捨てる。もちろん、私物もこの機会に思い切って処分することにしています。

自分のものでなかなか捨てられないのが、本です。以前、整理しようと思って手をつけたら、学生時代の民法の教科書が出てきたことがありました。開くと、そこら中に赤線が引っ張ってあって、いろいろと書き込みもある。そこで思い出に浸っているうちに、あっという間に時間が経ってしまうわけです。

しかし、どう考えても、それは「不要な本」です。そういうものから真っ先に手をつけないと、いつまで経ってもモノは減りません。もしかしたら読み直すかもしれない、というような書物も、処分の対象です。今は昔と違って、ネットで古本も手に入る時代です。万が一必要になったら、また買い直せばいい、と割り切るのです。

結果的に、目分量で９割くらいのものを捨てることになりました。文字通りの「大処分」です。裏を返すと、残すのは1割。これは、生活に必要な日用品などを除けば、「捨てたくないもの」です。

誰しも、「これだけは、死ぬまで残しておきたい」というものがあるはずです。苦労して手に入れた骨董品だったり、思い出の写真や手紙だったり。

私の場合には、出版社からもらった漫画賞だとか紫綬褒章だとかの賞状やトロフィーの類は、捨てる気になれません。それらは、自分が仕事をした証だからです。

お話ししたように、私は図らずも家の建て替えにより、断捨離を迫られたわけですが、〝終活〟を意識したモノの整理は、「どうしても必要なもの」「絶対に捨てたくないもの」を基準に、それ以外は思い切って捨てるというのも、ひとつのやり方だと思います。

50 〝オン・オフ〟を大切にする

私も漫画界ではすっかり「長老」の部類になりました。ただ、仕事のやり方は若い頃とほとんど変わっていないし、同じ年代では一番「描いて」いるのではないでしょうか。自分で言うのも何ですが、仕事の質もそんなに落ちてはいない自信があります。「元気の秘訣」と言えるかどうかは分かりませんが、私が普段やっている行動、気をつけていることについてお話ししてみましょう。

朝目覚めたら、布団の中でもぞもぞしていないで、パッと起きてパジャマを着替えて、というのが「健康的な朝」のイメージだと思います。でも、私はそうしません。起きたらいったんトイレに行って、もう一度布団に潜り込んでしまいます。そして30分ほど、天井を見つめながら、いろんなことを考えるのです。

そうすると、描いている漫画のラストはこうしよう、なんていうアイデアがすっと降りてくる。中国に、ものごとを発想するのにいいのは、「枕上、馬上、厠上」だという言葉があって、まさにその「枕上」です。

ちなみに、「馬上」の馬は交通機関ですから、今で言えば、電車の中とか飛行機の中とか、そういう移動中にものを考えるということ。「厠上」というのは、トイレです。私はやりませんが、ゆっくりお風呂につかっている時、なんていうのも当てはまるかもしれません。

ところで、「枕上」で考える時は、ただじっと天井を見ているわけではありません。布団の中で、足を伸ばしたり曲げたり、足首を回したり、といった軽いストレッチをやりながら思いをめぐらします。

このベッド上のストレッチは、プロレスラーの藤波辰爾さんに教わりました。藤波さんもほぼ同世代ですが、10分ほどそれをやってから起き上がるのだ、と。実行してみると、確かに頭も体もすっきりします。寝ぼけ眼でよろよろ立ち上がり、何かに躓《つまず》いて倒れるような心配もありません。

そして、布団から出たら、すぐにシャワー。これもすでにお話ししたように、スクワットをやりながら浴びるわけです。

こんなことを60代の半ばごろから続けています。早起きして近所をジョギングというのは、結構しんどいと思いますが、これなら70になっても辛くない。ちょっとした体力づくりとアイデア出しができて、私にとっては一石二鳥の朝のルーティンなのです。

周囲の人からは、「弘兼さんは、オンとオフがはっきりしていますね」と言われることがあります。確かに、仕事を始めたらそれに集中しますし、楽しむ時には全力で楽しむ。お酒を飲んだり麻雀したり、この歳にしては羽目を外すこともけっこう多いのですが、そんな時でも家に帰って床に就く時間から逆算して、頃合いになったらスパッと切り上げて帰ります。

適度な睡眠時間には個人差があると思います。私は5時間ほどなので、短い方でしょう。ただ、午前3時、4時ごろには寝て、朝9時には起きるというペースは、意識的に守るようにしているのです。

元気に関係あるかどうかはわかりませんが、漫画はストーリーが命ですから、読者を飽きさせないよう、日々の勉強も欠かせません。社会問題や世界情勢などにも、常にアンテナを張っています。

例えば『島耕作』シリーズには、「情報漫画」の要素があります。この前も「台湾クライシス」について描きました。今、世界の半導体の生産が台湾に集中しているので、もし中国に「統一」されるようなことがあれば、一大事。アメリカの危機感は以前の比ではなく、絶対に守ろうとするでしょう。戦争になったら、同盟関係にある日本も、否応なく出て行くことになる――。

実はこの話は、防衛省の人にレクチャーを受けて作品にしました。そんなふうに一から勉強もし、自分でも情報を集めて漫画に表しているわけです。

私の場合は仕事の一環なのですが、たとえリタイアしたとしても、世の中への関心を失わず、学び続けるというのは、とても意味のあることだと思います。

私の講演を聴きに来る60代、70代くらいのリタイア世代の方々は、みんな意欲的で、こちらが「難しい質問をされたらどうしよう」とプレッシャーを感じるほど。奥さんを頼りにして、家でやることもなく時間を潰しているような「老後」との差は、歴然ではないでしょうか。

51 「人生は楽しんだもん勝ち」

私の座右の銘といえるもののひとつに、「人生、楽しんだもん勝ち」というのがあります。これはまさに真理で、70歳を超える年齢になると、なおさらその意味が輝きを増すような気がします。

私の考える「楽しんだもん勝ち」は、金に飽かせて豪遊したり、若いパートナーを囲ったり、ということではありません。「自分の可能な範囲で、積極的に楽しいことを見つけよう」というのが、そのココロなのです。

「そもそもお金なんてないよ」と言われるかもしれません。収入が減ったら、ある程度生活のダウンサイジングを図っていく必要もあるでしょう。でも、例えばそれは、ひたすら辛いことなのでしょうか?

そういうのも、最初に言った「心の持ち方」だと思うのです。思い出してみてください。学生時代は、すごく貧乏だったはず。もやしとキャベツ炒めに、インスタントラーメン。たまには、そんな食事を自分で作って食費を浮かしつつ、「そういえば、あの頃はあんなことを考えていたなあ」などと感慨に耽《ふけ》ることができたら、十分楽しい時間になると思うのです。

もちろん、現役時代には時間の余裕がなくてできなかった趣味や「生涯学習」に没頭する、といったこともいいでしょう。とにかく、私の周囲を見渡しても、「暇」になって幸せそうな人間はいません。何か楽しいことを発見する、自分にとっての「小さな幸せ」を大事にする。そう心掛けるだけで、数段充実した人生の最後を送れるように思います。

「楽しいこと」といえば、恋愛もあります。『黄昏流星群』では、老いらくの恋も描いているのですが、これも裏話をすると、あの作品は、同世代の人間たちと居酒屋でたわいもない話をしていて着想しました。「残りの人生でやりたいことは?」という話題になった時、期せずして「燃えるような恋がしたい」という声が上がったのです。ちょうど『マディソン郡の橋』という中高年の恋物語がベストセラーになっていて、それに触発されたというのもあったのでしょう。とはいえ、奥さんもいるし実際には無理だから、漫画の世界でやってやろう、と考えたのがきっかけでした。

70になっても、当然、恋に落ちることはあるでしょう。他人がどうこう言っても、気にせず楽しめばいいのです。ただ、その歳になると、結婚のハードルは高くなります。例えば、70歳を過ぎた独り身のおじいちゃんが、50代くらいの女性と籍を入れようとすれば、「財産目当て」を疑う子どもたちの反対に遭うのが目に見えています。

高齢になって、家族とガタガタするのも辛いもの。仲違いを避けるためには、パートナーの関係でいるか、どうしても結婚したい場合には、子どもたちに財産を多く渡すという遺言書を作って子どもに預ける、といった手を打つのがいいかもしれません。そうすれば、「手のかかる父親の面倒をみてくれるのであれば、どうぞ」ということになるはずです。

㊾52 人生のフィナーレをどう飾るのか

後期高齢者ともなると、当然、「死ぬまでのこと」を考えます。私の目標のひとつは、健康寿命を80歳と仮定して、あと100回、小金井カントリークラブのコースを回ることです。

この歳になると、ゴルフはスコア狙いというよりも健康づくり。カートのないコースなので、1回行けば10キロ近く歩くことになりますから、とてもいい運動になるのです。

「死に方」も大きな問題ですが、日本では安楽死が認められていませんし、こればかりはどうなるか分かりません。最悪なのは、病院のベッドの上に何年もいて、褥瘡《じょくそう》に苦しみ、やがてパイプにつながれて、結局痛い、苦しい、退屈という思いを残して死んでいく、というパターン。そのうえ治療費で家族に莫大な借金を残したりしたら、本当に目も当てられません。

私は、死ぬまで仕事をしていたい、と本気で思っています。周囲が気づいたら、デスクに突っ伏して息を引き取っていた、というのが自分にとって理想的な死に様といえるかもしれません。まあ、あまりわがままは言わず、最後まで楽しく、苦しまずに死ねたらよしとすべきなのでしょう。

そういえば、家の新築に伴う「大処分」で、絶対に捨てないものを言い忘れていました。長年苦労して集めたワインです。

捨てはしないけれども、気がついたら酒が飲めなくなって、そのまま死んだりしたら、悔しいことこのうえない。これまで、そういうワインは何かの折に、誰かと一緒に飲みたいものだと残していたわけですが、それこそ残りの健康寿命を考えると、そうも言っていられません。

そこで、思い切って上等なものから開栓しては、自らの口で「処分」を始めました。ちょっと侘《わび》しいのは、ほとんど「独り飲み」になること。グラス片手に「いいぞ、これ。40年経つのに全然衰えてないじゃないか」などとぶつぶつ言っているのは、はたから見れば「おかしなおやじ」そのものです。

もちろん、飲み友達はいますが、それぞれ忙しいうえに、こればかりは「分かる」人間でないと、せっかくのワインも〝猫に小判〟。それももったいないですから、秘蔵のワインは、自分ひとりで楽しむことになりました。あにはからんや私の断捨離は、かなり贅沢なものになってしまいました。

若い頃は、「あの大学に入りたい」「10年後にはあのポストに就きたい」と、ひたすら頑張ったはずです。70歳になったら、今度は「終わりの時」から逆算して、やるべきことを考えるのがいいでしょう。そうやって、みんなが自分の残りの人生を楽しく、悔いなく生きるために必要なものを見つけてほしいと思います。

参考図書

○弘兼憲史『めざせ、命日が定年　終わり笑えばすべてよし』（幻冬舎）
○ヒロシ『ヒロシです。』（扶桑社）
○ヒロシ『ひとりで生きていく』（廣済堂出版）
○和田秀樹『先生！　親がボケたみたいなんですけど……』（祥伝社）
○黒川伊保子『妻のトリセツ』（講談社＋α新書）
○夏目漱石『こころ』（新潮文庫）
○宇野千代『色ざんげ』（岩波文庫）
○宇野千代『私の幸福論——宇野千代人生座談』（海竜社）

ラクレとは…la clef=フランス語で「鍵」の意味です。
情報が氾濫するいま、時代を読み解き指針を示す
「知識の鍵」を提供します。

中公新書ラクレ
786

弘《ひろ》兼《かね》流《りゅう》 70歳《さい》からのゆうゆう人生《じんせい》

「老《ろう》春《しゅん》時《じ》代《だい》」を愉《ゆ》快《かい》に生《い》きる

2023年2月10日初版
2023年3月10日再版

著者……弘《ひろ》兼《かね》憲《けん》史《し》

発行者……安部順一
発行所……中央公論新社
〒100-8152 東京都千代田区大手町1-7-1
電話……販売 03-5299-1730 編集 03-5299-1870
URL https://www.chuko.co.jp/

本文印刷……三晃印刷
カバー印刷……大熊整美堂
製本……小泉製本

Published by CHUOKORON-SHINSHA, INC.
Printed in Japan ISBN978-4-12-150786-0 C1295

中公新書ラクレ　好評既刊

L585
孤独のすすめ
――人生後半の生き方
五木寛之 著

「人生後半」を生きる知恵とは、パワフルな生活をめざすのではなく、減速して生きること。「前向きに」の呪縛を捨て、無理な加速をするのではなく、精神活動は高めながらもスピードを制御する。「人生のシフトダウン＝減速」こそが、本来の老後なのです。そして、老いとともに訪れる「孤独」を恐れず、自分だけの貴重な時間をたのしむ知恵を持てるならば、「人生後半」はより豊かに、成熟した日々となります。話題のベストセラー!!

L624
日本の美徳
瀬戸内寂聴＋ドナルド・キーン 著

ニューヨークの古書店で『源氏物語』に魅了されて以来、日本の文化を追究しているキーンさん。法話や執筆によって日本を鼓舞しつづけている瀬戸内さん。日本の美や文学に造詣の深い二人が、今こそ「日本の心」について熱く語り合う。文豪たちとの貴重な思い出、戦争や震災後の日本への思い、そして、時代の中で変わっていく言葉、変わらない心……。ともに96歳、いつまでも夢と希望を忘れない偉人たちからのメッセージがつまった対談集。

L633
老いと孤独の作法
山折哲雄 著

人口減少社会、高齢社会を迎えたいまこそ、人間の教養として、「一人で生きること」の積極的な意味と価値を見直すべきときではないか。歴史を振り返れば、この国には老いと孤独を楽しむ豊かな教養の伝統が脈打っていることに気づくだろう。西行、鴨長明、芭蕉、良寛、山頭火……。宗教学者として、日本人のさまざまな生と死に思いをめぐらせてきた著者が、みずからの経験を交えながら、第二の人生をどう充実させるかを考える。

L655

独学のススメ
―頑張らない！「定年後」の学び方10か条

若宮正子 著

「趣味がない」なんてしょんぼりしなくて大丈夫。「やりたいこと」の見つけ方、お教えします。何歳からでも〝成長〟できます。定年後はますます楽しくなります――。定年後に「独学」でプログラミングを学び、世界最高齢のアプリ開発者として一躍有名人に。英語のスピーチはグーグル翻訳で乗り切り、旅先で知り合った牧師さんの家を訪ねてみたり。自由気ままな84歳。毎日を楽しく生きるコツは、頑張りすぎない「独学」にありました。

L691

中国、科学技術覇権への野望
―宇宙・原発・ファーウェイ

倉澤治雄 著

近年イノベーション分野で驚異的な発展を遂げた中国。米国と中国の対立は科学技術戦争へと戦線をエスカレートさせ、世界を揺るがす最大の課題の一つとなっている。本書では「ファーウェイ問題」を中心に、宇宙開発、原子力開発、デジタル技術、大学を含めた高等教育の最新動向などから、「米中新冷戦」の構造を読み解き、対立のはざまで日本は何をすべきか問題提起する。著者がファーウェイを取材した際の貴重な写真・証言も多数収録。

L696

新装版 思考の技術
―エコロジー的発想のすすめ

立花 隆 著

新興感染症の流行と相次ぐ異常気象。生態系への介入が引き起こす「自然の逆襲」が加速化している。自然と折り合いをつけるために我々が学ぶべきものは、生態学（エコロジー）の思考技術だ。組織内の食物連鎖、部下のなわばり根性を尊重せよ、「寄生者と宿主」の生存戦略、「清濁あわせ呑む」大人物が出世する――。自然の「知」は仕事上の武器にもなる。「知の巨人」立花隆の思考法の根幹をなすデビュー作を復刊。「知の怪物」佐藤優氏解説。

L699

たちどまって考える

ヤマザキマリ 著

パンデミックを前にあらゆるものが停滞し、動きを止めた世界。17歳でイタリアに渡り、キューバ、ブラジル、アメリカと、世界を渡り歩いてきた著者も強制停止となり、その結果「今たちどまることが、実は私たちには必要だったのかもしれない」という想いにたどり着いたという。混とんとする毎日のなか、それでも力強く生きていくために必要なものとは？　自分の頭で考え、自分の足でボーダーを超えて。あなただけの人生を進め！

L704

大学とオリンピック 1912-2020
—歴代代表の出身大学ランキング

小林哲夫 著

日本のオリンピックの歴史は大学抜きには考えられない。戦前、オリンピックの精神として貫かれたアマチュアリズムに起因し、両者の親和性は極めて高い。実現には至らなかった1940年東京大会では、構想から大学が深く関わった。戦後、企業スポーツ隆盛の時代へと移ってもなお、大学生オリンピアンは不滅だ。1912年大会から2020年東京大会までを振り返り、両者の関係から浮かび上がる、大学の役割、オリンピックの意義を問う。

L705

女子校礼讃

辛酸なめ子 著

辛酸なめ子が女子校の謎とその魅力にせまる！　あの名門校の秘密の風習や、女子校で生き抜くための処世術、気になる恋愛事情まで、知られざる真実をつまびらかにする。在校生へのインタビューや文化祭等校内イベントへの潜入記も充実した、女子校研究の集大成。読めば女子校育ちは「あるある」と頷き、そうでない人は「そうなの!?」と驚き、受験生はモチベーションがアップすること間違いなし。令和よ、これが女子校だ！

L709

ゲンロン戦記
—「知の観客」をつくる

東　浩紀 著

「数」の論理と資本主義が支配するこの残酷な世界で、人間が自由であることは可能なのか？「観客」「誤配」という言葉で武装し、大資本の罠、敵／味方の分断にあらがう、東浩紀の「生き延び」の思想。哲学とサブカルを縦横に論じた時代の寵児は、2010年、新たな知的空間の構築を目指して「ゲンロン」を立ち上げ、戦端を開く。いっけん華々しい戦績の裏にあったのは、予期せぬ失敗の連続だった。ゲンロン10年をつづるスリル満点の物語。

L717

ビジネスパーソンのための「言語技術」超入門
—プレゼン・レポート・交渉の必勝

三森ゆりか 著

社会で真に求められるのは、論理的思考力を活用して考察し、口頭や記述で表現できる人材である。しかし「国語」の教育は受けたはずなのに、報告書が書けない、交渉も分析もできないという社会人は多い。これまで有名企業や日本サッカー協会などで「言語技術」を指導してきた著者が、社会に出てから使える本当の言語力＝世界基準のコミュニケーション能力を身につけるためのメソッドを具体的に提示。学生・ビジネスパーソン必読の一冊！

L718

老いる意味
——うつ、勇気、夢

森村誠一 著

老いれば病気もするし苦悩もする。老人性うつ病を克服した著者の壮絶な体験を告白。だが、身体が老いても病を経験しても心は老いてしまうわけでない。老いを恐れず残された日々を自然体でいること。良いことも悪いこともすべて過去の出来事として水に流す。老いの時間を「続編」や「エピローグ」のつもりでなく「新章」にすればいい。夢は広がり、いくつになっても新しいことが始められる。米寿を迎えた作家・森村誠一渾身の「老い論」の決定版。

L719

「失敗」の日本史

本郷和人 著

メディアで引っ張りだこの東京大学史料編纂所・本郷和人先生が、「日本史×失敗」をテーマにした新書を刊行！　元寇の原因、実は鎌倉幕府側にあった？　生涯のライバル、上杉謙信・武田信玄ともに跡取り問題でしくじったのはなぜ？　明智光秀重用は織田信長の失敗だと断言できる？　日本史を彩る英雄たちの「失敗」を検証しつつ、そこからの学び、さらには「もし成功していたら」というifまで展開。失敗の中にこそ、豊かな〝学び〟はある！

L728

「定年後知的格差」時代の勉強法
——人生100年。大学で学び、講師で稼ぐ

櫻田大造 著

定年後に本当にコワいのは、経済格差より「知的格差」。情報を集めるだけの「受動的知的生活」から、論文、ブログを書いたり講師を務めたりする「能動的知的生活」へ転換すれば、自己承認欲も他者承認欲も満たされ、病気の予防にもなる！　その方策として本書は、①大学（院）の徹底活用術、②研究法、論文執筆術、③オンライン、SNS活用術等を伝授。キャリアを活かすもよし新分野に挑むもよし。講師業や博士号さえ夢じゃない実践マニュアル。

L731

どの子も違う
——才能を伸ばす子育て　潰す子育て

中邑賢龍 著

個性が強い子どもたち。突出した才能に恵まれても、そのうちのいくらかは問題児扱いされて居場所を失い、結果として不登校などになりがちだ。そんな彼らに学びの場を提供する東大先端研「異才発掘プロジェクトROCKET」でディレクターを務めるのが著者だ。教科書も時間割もないクラスで学ぶものとは？　「成績が良ければ優秀」な時代は過ぎた？　最先端の研究の場で得られた知見を一冊に集約し、子どもの才能を伸ばす子育て法を伝授！

L736

得する会社員 損する会社員
——手取りを活かすお金の超基本

川部紀子 著

年功序列・終身雇用制度が崩壊し老後資金も不安視される、「幸せな老後行きの自動エスカレーター」がない世界では、お金の知識格差が命取りに!? 本書はこれまで「お金のことは会社まかせ」だった組織人の、マネーリテラシーの底上げを目指す。講演・セミナー講師として活躍し、これまで全国3万人以上の受講者に「お金」にまつわる知識を伝えてきた著者が、社会に出る前に学校で教えてほしかった「お金の基本」をわかりやすく解説する。

L741

東京23区×格差と階級

橋本健二 著

年収1000万円以上の専門・管理職たちと、年収200万円未満の非正規労働者たち。西側ほど高く、東へいくに従い低くなる年収——いつの間にか、23区に住む人々の格差はここまで拡大していた！ 23区の1人あたり課税対象所得額の推移、都心3区の平均世帯年収推定値、「下町」の自宅就業者比率などなど……「国勢調査」「住宅・土地統計調査」などのデータをもとに80点もの図表を掲載。23区の空間構造をビジュアル化する。

L747

辛酸なめ子の独断！流行大全

辛酸なめ子 著

「アイス・バケツ・チャレンジ」「YouTuber」「プレミアムフライデー」「ぴえん」「うんこ漢字ドリル」「ざんねんないきもの」「KONMARI」……。経済・社会風俗・科学・芸能、あらゆるジャンルの時代を読み解くキーワードを、辛酸なめ子が華麗に分析。徹底した取材とフィールドワークにより流行の真実の姿が見えてくる（かもしれない）、現代を生きぬくための必読書。イラスト多数でたっぷり250語収録。分厚い新書で恐れ入ります！

L750

なぜ人に会うのはつらいのか
——メンタルをすり減らさない38のヒント

斎藤 環＋佐藤 優 著

「会ったほうが、話が早い」のはなぜか。それは、会うことが「暴力」だからだ。人に会うとしんどいのは、予想外の展開があって自分の思い通りにならないからだ。それでも、人は人に会わなければ始まらない。自分ひとりで自分の内面をほじくり返しても「欲望」が維持できず、生きる力がわかないからだ。コロナ禍が明らかにした驚きの人間関係から、しんどい毎日を楽にする38のヒントをメンタルの達人二人が導き出す。

L753

エリートと教養
――ポストコロナの日本考

村上陽一郎 著

政治家は「言葉の力」で人々の共感を醸成できるのか？　専門家は学知を社会にどのように届けるべきか？――不信感と反感が渦巻く今こそ、エリートの真価が試されている。そこで改めて教養とは何か、エリートの条件とは何か、根本から本質を問うた。政治、日本語、音楽、生命……文理の枠に収まらない多角的な切り口から、リベラル・アーツとは異なる「教養」の本質をあぶりだす。『ペスト大流行』の著者、科学史・文明史の碩学からのメッセージ。

L758

「合戦」の日本史
――城攻め、奇襲、兵站、陣形のリアル

本郷和人 著

戦後、日本の歴史学においては、合戦＝軍事の研究が一種のタブーとされてきました。このため、織田信長の桶狭間の奇襲戦法、源義経の一ノ谷の戦いにおける鵯越の逆落としなどは、「盛って」語られるばかりで、学問的に価値のある資料から解き明かされたことはありません。城攻め、奇襲、兵站、陣形……。歴史ファンたちが大好きなテーマですが、本当のところはどうだったのでしょうか。本書ではこうした合戦のリアルに迫ります。

L759

老いを愛づる
――生命誌からのメッセージ

中村桂子 著

白髪を染めるのをやめてみた。庭の掃除もほどほどに。大谷翔平君や藤井聡太君にときめく――年を重ねるのも悪くない。人間も生きものだから、自然の摂理に素直に暮らしてみよう。ただ気掛かりなのは、環境、感染症、戦争、成長一辺倒の風潮。そこで、老い方上手な諸先輩（フーテンの寅さんから、アフガニスタンに尽くした中村哲医師まで）に学び、次世代につなぐ「命のバトン」を考えたい。生命誌のレジェンドが綴る、晩年のための人生哲学。

L760

60代からの幸福をつかむ極意
――「20世紀最高の知性」ラッセルに学べ

齋藤　孝 著

日本は「隠れ幸福大国」である。ただ、バラ色老後のために足りないのは「考え癖」と「行動癖」。この二つを身に付けるための最良テキストが、哲人ラッセルの『幸福論』。同書を座右の書とする齋藤氏が、現代日本の文脈（対人関係、仕事、趣味、読書の効用、ＳＮＳとの付き合い方等々）に読み替えながら、定年後の不安感を希望へと転じるコツを伝授する。なお、ラッセルは九七歳まで知と平和と性愛に身を投じた高齢社会のロールモデル。

L763

増補版 弘兼流 60歳からの手ぶら人生

弘兼憲史 著

名刺と一緒につまらない見栄は捨てよう！ 60歳は物語でいえば終盤、いよいよ仕上げの時の始まりです。でも、本当に楽しいのはこれから。この機会に、「常識」という棚にしまったものを、一度おろして吟味してみませんか。「持ち物」「友人」「お金」「家族」……身辺整理をしたその先に、これからの人生に必要なものが見えてくるはず。第一線で活躍し続ける漫画家が、60歳からの理想の生き方をつづったベストセラーの増補版。

L765

生き物が老いるということ

―死と長寿の進化論

稲垣栄洋 著

イネにとって老いはまさに米を実らせる、もっとも輝きを持つステージである。人間はどうして実りに目をむけず、いつまでも青々としていようとするのか。実は老いは生物が進化の歴史の中で磨いてきた戦略なのだ。次世代へと命をつなぎながら、私たちの体は老いていくのである。人類はけっして強い生物ではないが、助け合い、そして年寄りの知恵を活かすことによって「長生き」を手に入れたのだ。老化という最強戦略の秘密に迫る。

L773

歩きながら考える

ヤマザキマリ 著

パンデミック下、日本に長期滞在することになった「旅する漫画家」ヤマザキマリ。思いがけなく移動の自由を奪われた日々の中で思索を重ね、様々な気づきや発見があった。「日本らしさ」とは何か？ 倫理の異なる集団同士の争いを回避するためには？ そして私たちは、この先行き不透明な世界をどう生きていけば良いのか？ 自分の頭で考えるための知恵とユーモアがつまった1冊。たちどまったままではいられない。新たな歩みを始めよう！

L777

増補版 笑って生ききる

―寂聴流 悔いのない人生のコツ

瀬戸内寂聴 著

「自分を変える革命は何歳でも起こせる」「この世に1人の自分を、自分が認めてあげなければ」……。作家として、僧侶として、瀬戸内寂聴さんはたくさんの名言を残しています。年齢を重ね、老いを受け入れ、周囲との人間関係や、家族のかたちも変わっていくなかで、私たちは、その言葉に心のよりどころを求めます。私たちの気持ちに寄り添い、一歩を踏み出す勇気を与えてくれる寂聴さんの言葉を、1冊にぎゅっと詰め込みました。